Andrea Weise

Liebe, Seelenpartner und dein inneres Kind

AF220926

Andrea Weise

Liebe, Seelenpartner und dein inneres Kind

Bibliografische Information der Deutschen Nationalbibliothek: Die Deutsche Nationalbibliothek verzeichnet diese Publikation in der Deutschen Nationalbibliografie; detaillierte bibliografische Daten sind im Internet über dnb.dnb.de abrufbar.

© 2021 Andrea Weise
Herstellung und Verlag: BoD - Books on Demand, Norderstedt

ISBN: 978-3-7543-2085-3

Vorwort und wichtige, nette Hinweise

Ich hoffe, es ist richtig, dich in dem Buch mit „du" anzusprechen. Dieses Buch ist für dich, ich habe es für dich geschrieben.

Ich bin bestimmt nicht klüger als du, aber ich hatte viel Zeit zum Nachdenken während Erkrankung. Ich bin kein Arzt oder Therapeut. Wenn du dich krank fühlst oder es dir seelisch schlecht geht, bist du selbst verantwortlich, einen Arzt oder Therapeuten aufzusuchen. Du selbst bist verantwortlich für dein körperliches, geistiges und seelisches Wohlbefinden.

Ich gebe hier in diesem Buch meine Erfahrungen weiter, nach bestem Wissen und Gewissen. Mir liegen die Menschen am Herzen und ich möchte anderen helfen, das Leben lebenswert(er) zu machen.

Generell gilt: Gegen etwas mehr Lebensfreude im Alltag ist doch nichts einzuwenden?!

Mein Motto nun, nach all den Erfahrungen: Es gibt (fast) immer mindestens zwei Seiten und auch einen zweiten Weg aus der Misere, doch manchmal sieht man (noch) nicht einmal den ersten Weg der Lösung.

Hinterher ist man immer schlauer…

Liebe, Seelenpartner und dein inneres Kind

Von diesen Worten oder Begriffen, insbesondere vom Seelenpartner und vom inneren Kind, wird in letzter Zeit viel gesprochen. Von Liebe ist schon viele Jahrhunderte die Rede.

Was lösen diese Worte in dir aus? Könnten diese Worte und Bezeichnungen sogar Gemeinsamkeiten haben?

Was ist Liebe, was ist das innere Kind?

Liebe, zum Beispiel, ist doch an sich schon ein sehr dehnbarer Begriff.

Manche sagen, Liebe ist ein Gefühl, eine Emotion. Jeder empfindet Liebe anders. Für manche Menschen ist bereits Sex die Liebe. Also, wir sehen, hier gibt es auch schon vielerlei Ansichten und kontroverse Einschätzungen, was die Liebe nun eigentlich bedeutet. Viele Musikstücke, Filme und literarische Werke handeln von der Liebe und von Dramen, die sich auch mit ihr in Zusammenhang bringen lassen. Denken wir hier nur an Liebeskummer nach einer „verlorenen" Liebe, also eines anderen Menschen und dessen Liebe.

Kann man Liebe überhaupt verlieren und um welche Liebe handelt es sich hier?

Und: können wir uns selbst auch so sehr lieben, dass wir vollkommen wären, auch ohne Partner neben uns?

Einige sagen, dass es nur Liebe oder Angst geben kann. Zwei Pole, der eine Pol ist die Liebe, der andere Pol ist Angst.

Seelenpartner ist auch ein Begriff, der im Moment recht häufig verwendet wird. Man sucht einen Partner für die Seele. Schon seit langem bezeichnen wir als „ein Herz und eine Seele" Menschen, die sich sehr gut verstehen. Das sind dann Seelenpartner, oder? Ja, ich denke, dass dies zutrifft. Im spirituellen Sinne wären aber auch andere Lebewesen, wie Tiere, aber auch Bäume, als Seelenpartner geeignet, denn wir sind mit allem verbunden. Wie gesagt, dies wird sehr im spirituellen Sinne angenommen, aber es erscheint mir auch teilweise logisch. Wir können ohne die Natur, die Pflanzen, die Bäume etc. nicht existieren. Wir brauchen den gesamten Kreislauf im Natursystem und wir Menschen sind auch Natur und keine Maschinen.

Ich bezeichne mich nicht als spirituell, aber ich verstehe die Denk-Ansätze und kann einiges nachvollziehen. Auch die moderne Wissenschaft erkennt die Bedeutung dieses Verbundenseins und der Wechselwirkungen immer mehr, z. B. das Klima und die Vegetation und die Auswirkung auf uns Menschen und unsere Gesundheit.

Ein Seelenpartner könnte doch auch ein Gegenstand sein? Es gibt Menschen, die haben eine Art Liebesbeziehung zu ihrem Kühlschrank oder zu Gegenständen (wir lieben auch Taschen und Schuhe - naja, Klischee über Frauen), jedoch sind diese nicht lebendig.

Wir lieben außer andere Menschen auch unsere Haustiere. Könnten sie auch Seelenpartner werden? Ich denke, ja, denn wer kennt nicht den treuen Blick eines Hundes, der uns so viel Wärme und Geborgenheit vermitteln kann. In diesem Buch gehe ich jedoch mehr von zwischenmenschlichen Beziehungen aus.

Nur, wenn dein Partner auch deine Schwächen liebt oder zumindest akzeptiert, ist es ein echter Seelenpartner (das ist meine Meinung, die aber nicht richtig sein muss), denn dann berührt er dich in deinem Innersten und nimmt dich so an, wie du bist. Jeder hat schwache und starke Seiten und schwache und starke Momente. Aber: wer bewertet, was stark und schwach ist und was negativ oder positiv ist? Niemand. Keiner hat das Recht dazu.

Aber, auch du darfst dich so annehmen, wie du bist. Das ist vielleicht die Grundvoraussetzung für einen „Seelenpartner". Sei du dir selbst erst einmal der Seelenpartner, und zwar in jedem Moment des Alltags, so brauchst du nicht erst zu suchen (wie manche krampfhaft nach einem Seelenpartner umherirren und verzweifelt alles tun wollen, damit er kommt und fragen ständig: „wo ist er denn nun und wie erkenne ich ihn"). Sei zu dir selbst gut, so wie es ein verständnisvoller Partner sein würde, sei dein bester Freund, versuche erst einmal, dich selbst liebevoll zu verstehen (auch wenn das nicht immer leicht ist)! Ich denke, dann kann dich auch niemand verletzen.

Unser Inneres liebevoll zu verstehen, ist das so leicht?

Inneres Kind

Inneres Kind – Kindheit, die uns heute (im Erwachsenenalter) jeden Tag, also im Alltag auch, noch beschäftigt. Immer, auf Arbeit, zu Hause mit der Familie oder allein und auch mit dem Partner!

Dieser Satz klingt dir zu provokant?

Beobachte einmal im Alltag Situationen um dich herum. Du wirst es sicher auch feststellen: Wir streiten und sind bockig am Arbeitsplatz oder im Supermarkt wie kleine Kinder, können uns freuen „wie ein kleines Kind" und sind traurig mit tiefstem Weltenschmerz, ebenfalls wie ein kleines Kind.

Ich bin der Meinung, dass wir Erwachsenen alle im Inneren auch noch kleine Kinder sind. Es kann auch rein physiologisch gar nicht anders sein, denn wir alle tragen unsere Kinderzeit in uns. Wir haben vermeintlich gute und schlechte Erfahrungen gemacht und fast alle, wenn nicht gar jeder Mensch, hat ein Trauma, mit unterschiedlicher Schwere, erlebt.

In gute und schlechte Erfahrung einzuteilen ist jedoch schon eine Bewertung und wir sollten möglichst immer mehr von Bewertungen Abstand nehmen, denn wir bewerten uns selbst auch und meist sogar negativ (ohne dies zu merken). Was heute eine schlechte Erfahrung ist, kann morgen schon gut für uns sein. In einer Sache selbst gibt es (fast) immer zwei Seiten.

Es kommt sicher auf den Blickwinkel an. Aus der Vogelperspektive würden wir es nochmals ganz anders bewerten oder unter Abwägung verschiedenster Aspekte und Geschichten, Sachverhalte etc. bekämen wir eine ganz andere Wertung. Also, vorsichtig umgehen mit zu schneller Bewertung, auch Bewertung von uns selbst.

Ein Moment als solches ist friedlich und neutral. Wir selbst sind neutral, nur machen wir es durch Bewertung kompliziert. Oder, sagen wir, alles ist relativ neutral. Auf einem Zahlenstrahl, welcher von unendlich negativ bis unendlich positiv reicht, ist es doch immer nur eine Momentaufnahme, denn im nächsten Moment kann es uns schon ganz anders ergehen.

Ich habe gerade schon die Kindheit angesprochen und da geht es auch los. Jetzt wollen wir uns endlich an die Worte („Begriffe") aus dem Buchtitel wagen.

Vielleicht finden wir hier Antworten auf Fragen und Probleme, die uns im Alltag beschäftigen und eventuell finden wir Gemeinsamkeiten zwischen den „Begriffen" und Bedeutung von Liebe, Seelenpartner und unserem inneren Kind.

Du bist geboren, wie schön, willkommen auf der Welt!

Mit deiner Geburt bekommst du bereits ein Geschenk, dir wird dein Leben geschenkt. Manche sprechen zwar vom Geburtstrauma und es gibt auch schon vorgeburtliche Traumen. Diese können bei Ablehnung, Stress oder Ängsten der schwangeren Mutter auftreten und wir nehmen diese in uns auf, speichern sie ab und es bedeutet für den kindlichen Organismus Stress. Aber all das geschieht natürlich nicht bewusst. Und auch eine werdende Mutter, die durch ihr tägliches Umfeld geprägt wird, kann sich vielen Dingen gar nicht entziehen. Es gehört einfach zum Leben dazu. Ja, Leben ist gefährlich – von Anfang an, sehen wir es ein.

Aber sehen wir deine Geburt nun als Geschenk, und zwar für deine Eltern und deine näheren Verwandten, Bekannten und Freunde. Ein süßes (nicht schreiendes) Baby entzückt fast jeden Menschen und bringt ein Lächeln in fast jedes Gesicht.

Sobald man als Kind geboren wird, das Licht der Welt erblickt, möchte man nur gemütlich in Frieden ungestört schlafen, satt essen (am Anfang trinken), also essen, schlafen, kuscheln, „kackern".

Ich würde mal sagen, das sind die Grundbedürfnisse eines Menschen überhaupt. Generell. Etwas später möchte ein Kind in Ruhe spielen, auch mit netten anderen Kindern.

Und noch etwas später … ändert sich daran auch nicht viel. Denn wollen wir als Erwachsene nicht dasselbe? Ein Dach über dem Kopf, satt zu essen, gemocht und geliebt werden, ka… - naja.

Ich behaupte noch einmal wiederholend, dass wir auch als Erwachsene alle im Inneren noch kleine Kinder sind. Sieh dich doch einmal genauer im Alltag um, wir verhalten uns in der Angst wie kleine Kinder, wir streiten noch immer wie kleine Kinder oder wir freuen uns wortwörtlich „wie ein kleines Kind". Wir sind zwar gewachsen (aus der kindlichen Größe erwachsen), aber innerlich hat sich vom Wesen her nicht viel geändert. Erlebnisse und Erfahrungen haben uns geprägt und geformt.

Aber zurück zum Kind. Als kleines Kind ist es mir zunächst einmal egal, ob ich in ein reiches Königshaus hinein geboren werde oder in eine arme Familie, ob ich eine krumme Nase habe und große Ohren. Es gibt hierfür, wie gut, keine Normvorschrift. Wer hat zu sagen, was die richtige Größe der Ohren ist? Damit sind wir nun auch bei dem, was richtig oder falsch ist im Leben. Sicher durch die Prägung der Familie und im Umfeld, in dem ich aufwachse, später dann durch Lehrer, Erzieher, Pfleger, dem Freundes- und Bekanntenkreis, Verwandte – werde ich „geformt".

Also bist du nun als kleines Kind hier auf der Welt und möchtest zunächst gemocht werden, ohne eine Gegenleistung erbringen zu müssen. Du bist als Kleinkind hilflos und von anderen abhängig, um zu überleben. Spätestens in deiner Kleinkind-Trotzphase wird dieser Satz „schön, dass du da bist" nicht immer stimmig für Eltern und Erzieher und das Umfeld sein. Dann ist man eine Herausforderung. Deine anderen Fähigkeiten außerhalb des Bockigseins werden dann nicht immer gelobt, weil du ja nicht so lieb warst und die Eltern und Erzieher noch mit den Nachwirkungen der Trotzattacke zu tun haben. Klar, man soll die Kinder von Herzen stärken, wie z. B. mit „es ist schön, dass du da bist". So schafft man ihnen ein gutes Gefühl, eine Daseinsberechtigung.

Mit Worten wie „Du bist gut so, wie du bist, aber nicht der Mittelpunkt der Welt.", kann man ein gesundes, realistisches Selbstbewusstsein und Selbstwert beim Kind aufbauen. Aber das ist auch nicht immer leicht, wie eben beschrieben. Eltern sind auch nur Menschen und sie bekommen Stimmungen und Worte von ihren Eltern, diese von ihren Eltern und so weiter. Zwar ändern sich die Zeiten, aber viele Gewohnheiten und Sprüche aus der Vergangenheit bleiben.

Noch schlimmer ist es allerdings, wenn du von klein auf als „Hosenscheißer" bezeichnet wirst, „der eh nichts wert ist" oder noch schlimmer, bei Missbrauch. Das sind die krassen Fälle, auf die ich hier aber nicht weiter eingehen möchte.

Ich beziehe mich hier auf die ganz „normalen" Tücken der Kindheit, in denen man je nach charakterlichen Voraussetzungen Demütigungen und Verletzungen entweder verarbeitet, vermeidet, ignoriert und bis ins Erwachsenenalter dennoch mit sich herumschleppt. Wir wissen oft nichts davon, aber wir fühlen uns irgendwie schlecht und unwohl in unserer Haut.

Ein Kind hat feine Antennen und spürt selbst die Stimmung um sich, dazu braucht es nicht einmal Worte, wie durch Beschimpfung, Kritik usw. Wenn es sich nicht geliebt fühlt (auch noch im Bauch der Mutter), bezieht es auch noch die Schuld auf sich.

Dies wiederum führt zu Schuldgefühlen, von denen manche im Erwachsenenalter auch noch nicht einmal merken, dass sie diese haben.
Das Gefühl, nicht angenommen zu sein, nicht geliebt zu werden, und auf Dauer gegen deine Herzensbedürfnisse zu leben, kann schwer auf der Seele lasten.
Wir bauen Blockaden und Schutzmauern bereits in der Kindheit für eine Art Daseinsberechtigung und als Überlebensplan und erlauben uns nicht einmal mehr zu fühlen, weil es weh tun kann.

Diese Schutzmauern und auch die Schuldgefühle verhindern heute im Erwachsenenalter immer noch, dass wir einen ausgeglichenen Alltag erleben und unseren Selbstwert (endlich) aufbauen können. Ich verwende die Beschreibung „gesunder" Selbstwert und denke dabei, gesunder Selbstwert kommt vom Herzen und ist absolut positiv, solange ich anderen mit meinem Verhalten und Handeln nicht schade.

Überzogene Selbsterhöhung dagegen stammt vom Ego, meist als Ergebnis von nicht verarbeiteter Demütigung und Verletzung.

Kann ich aber als Kind schon selbst zu mir sagen, „ich bin gut so, wie ich bin, ich schade niemandem mit meinem Verhalten, ich bin nicht allein, lass die anderen reden" (gesundes Selbstwertgefühl, gesundes Selbstbewusstsein), dann wäre das die beste Lösung für mich als Kind und später als Erwachsener.

Die zweitbeste Lösung ist, dass ich wenigstens jetzt einen guten Menschen und Freund um mich habe, dem ich absolut vertrauen und mit dem ich Kummer und Sorgen besprechen kann.

Wichtig finde ich aber, dass man generell den Menschen mit seinen Unterschieden anerkennt, da die Wurzeln dieser Unterschiede bereits vor der Geburt und in der Kindheit gebildet wurden, und je nach Erlebnissen und Erfahrungen positive oder negative Verstärkung erhalten.

Durch Demütigungen, Verletzungen und Mobbing bekomme ich schon als Kind Narben und Sachverhalte, die ich bewältigen muss. Je nach charakterlichen, teilweise erblichen, inneren Voraussetzungen gelingt dies besser oder schlechter.

Im fehlenden Selbstwert liegt der Schlüssel für viele Probleme im Erwachsenendasein, wie beispielsweise die gefühlte Einsamkeit! Aber, wie soll ich als kleines Kind gesunden Selbstwert aufbauen, wenn mir mein Umfeld zeigt oder es mich auch nur spüren lässt, dass ich nicht willkommen bin, nicht in dieser Familie, nicht in der Klasse etc?

Wie zu Beginn erwähnt, sind wir bei der Geburt anwesend, aber nicht bewusst. Wir wissen nicht, dass wir wir sind und kennen keine Grenzen. Wir verlassen uns auf unsere Umgebung und haben keine Wahl. Was uns gesagt wird oder wie mit uns umgegangen wird, halten wir zunächst für richtig. Unser Selbst-Bewusst-Sein kommt nach und nach. Ich habe es mit Absicht mit Strichen versehen, denn dadurch wird deutlicher hervorgehoben, was es eigentlich damit auf sich hat. Was bin ich, wer bin ich, was kann ich und was nicht, wo sind meine Grenzen im Inneren und Äußeren?

Eine 60jährige Frau sagte einmal „so bin ich eben erzogen worden" und das machte mich schon stutzig! „Das war schon immer so und wird auch so weiter gemacht und weiter so bleiben" usw. sind ähnliche Sprüche.

Ich meine jedoch, das, was vor 50 bis 80 Jahren richtig war, kann heute schon gern mal überprüft werden, denkst du nicht auch? Heute weiß man auch, dass Gehirnstrukturen, also das Denken, bis ins hohe Alter änderbar ist (außer bei bestimmten Erkrankungen).

Du siehst, wie stark und wie enorm die Prägung im Kindesalter ist. Man hat ja als Kind keine anderen Möglichkeiten, als sich zu fügen.

Aber jetzt bist du erwachsen und kannst und solltest langsam beginnen, diese negativen Redensarten zu prüfen und zu überschreiben wie eine Festplatte des Computers.

Manche werden krank oder erleben ein Schicksal und dies öffnet ihnen die Augen, meist weil sie dadurch zur Ruhe kommen, sprich ausgebremst werden. Aber dazu muss es nicht erst kommen. Du selbst kannst überlegen, du hast die Wahl.

Machst du das, was du täglich tust, mit Freude oder nur, weil es Eltern oder deine Umgebung von dir erwarten und sogar verlangen?

Für diese Überlegungen braucht man etwas Ruhe. Diese Ruhe ist in unserem Leben oft nicht vorhanden, Stichwort Hamsterrad.

Wir gönnen uns eine Pause oder eine Auszeit nicht. Wir dürfen sie uns angeblich nicht erlauben, da Stress zu haben „in" ist. „Was, du hast keinen Stress, du bist ja faul", hört man dann und denkt man dann selbst auch von sich, wenn sich die innere Stimme und der innere Kritiker meldet.

Jeder Mensch ist anders. Jeder hat seinen eigenen Rhythmus, seine eigene Geschwindigkeit.

Bei vielen Krankheiten, so auch bei Migräne, darf man darüber nachdenken, ob diese Erkrankung mir eine Änderung der Lebensweise aufzeigen will. So fragte ich mich, will die Migräne mir etwas sagen, soll ich mich schützen vor etwas, was mir eigentlich zu viel ist oder sollte ich etwas ändern in meinem Leben.

Doch oft kann man auf den ersten Blick wirklich nichts ändern im Alltagsleben. Pflichten in der Familie, im Beruf, mit pflege- und betreuungsbedürftigen Eltern, und manchmal dies alles zusammen, man hat keine Wahl. Man muss, ob man kann und will, man hat nur einen kleinen Änderungsspielraum.

Spätestens aber beim Zusammenbruch bist du gezwungen, zu überlegen, was du anders machen musst und dann geht es meistens auch, wie wundersam!

„Sie wollen ja nicht", geäußert von der Arztschwester mir gegenüber, war fast richtig, denn mein Körper wollte (so) nicht mehr, er kann keine Leistungen mehr erbringen und man leidet dadurch auch, denn, man will ja eigentlich, aber man kann nicht.

Gezeigt hat der Körper das durch Migräne, Erschöpfung, Rücken- und Knieprobleme (bei denen man echt nicht einmal mehr vorwärts gehen kann oder sich bewegen) und anderen Symptomen.

Körper und Geist und Seele sind zusammen ein Mensch. Man kann dies nicht trennen. Auch viele Ärzte erkennen dies mittlerweile und denken nicht mehr nur das Schubladendenken: Knie tut weh - also Knie behandeln, Kopf tut weh - Schmerzmittel sollten helfen.

Es ist komplexer.

Aber nur einreden „ich bin gut" und „ich muss positiv denken", reicht nicht. Ist vielleicht meine Daseinsberechtigung in Schieflage geraten? Diese wird, wie oben schon beschrieben, bereits in der Kindheit aufgebaut und angelegt, ohne dass wir es wissen können.
Um es vorweg zu nehmen: Es gibt keine perfekten Eltern, keine perfekten Lehrer und Betreuer und jede Kindheit hat ihre eigene Dramatik.

Gerade die besonders einschneidenden Erfahrungen haben Spuren in unserem Organismus hinterlassen. Wenn wir als kleines Kind auch nur ansatzweise gespürt haben, dass wir nicht willkommen sind, zum Beispiel, wenn sich die Eltern ihre Elternrolle anders vorgestellt haben, als der Alltag mit dem Baby dann tatsächlich ist, dann spüren wir heute als „ehemalige Kinder" und jetzige Erwachsene im Körper noch die Reaktion als Schutzmechanismus. Denn einen solchen Schutz schafft sich der kleine Organismus, einfach, um zu überleben. Er fühlt sich dann noch schuldig, seine Eltern nicht glücklich zu machen (ohne dass es einen Grund hierfür gäbe). Es klingt absurd, aber es ist so.

Leider läuft dieser ganze Mechanismus auch noch sehr unbewusst ab, wie fatal!
Das Kind versucht dann immer wieder, sich nicht auffällig zu verhalten, um das liebe kleine Duckmäuschen und keine Belastung für seine Eltern zu sein.

Diese Rolle (ehemals kindlicher Schutzmechanismus) wird im Erwachsenenalter meist auch noch gemimt oder versucht, perfekt zu überspielen.

Das ist Stress für das Nervensystem des Kindes und für den heutigen Erwachsenen! Aber es zeigt uns schon, wie es sich selbst nach 20, 30 oder mehr Jahren anfühlt und wie es sich in unseren Zellen manifestiert hat.

Nicht nur im Gehirn wird alles gespeichert, sondern und vor allem in unserem Nervensystem, in den Muskeln und Faszien und dies, obwohl sich der Körper nach mehreren Jahren regeneriert und eigentlich auch die Zellen erneuert hat.

Es ist alles abgespeichert wie auf einer Festplatte des Computers. Und wir haben noch nicht einmal Kenntnis davon, wie sehr uns dies im Alltag heute beeinträchtigt.

Wie kommen wir nun mit dem inneren Kind in uns im Alltag klar und hin zur Liebe und zum Seelenpartner?

Auch, wenn jemand stark verletzt oder gedemütigt wurde von Menschen, denen wir, beispielsweise in der Kindheit, sehr vertrauen und als Kinder abhängig sind von diesen Menschen, haben wir als Erwachsene sowieso, immer, die Wahl, wie wir mit dieser alten Verletzung umgehen und was wir daraus machen.

Nur muss uns erst einmal bewusst werden, dass diese alte Verletzung für die heutigen zwischenmenschlichen oder/und gesundheitlichen Probleme verantwortlich sind.

Wir müssen also erst einmal mit uns selbst klarkommen. Wie wollen wir dann in Liebe, mit einem Seelenpartner und den kleinen und großen Dramen des Alltags bestehen?

Denn: Wir merken als Erwachsene heute nicht einmal, dass wir uns innerlich selbst abwerten, dass es uns nicht gut geht und wissen nicht warum etwas „aus dem Ruder gelaufen ist oder das Fass überläuft".

Immer schneller, höher, weiter und größer wollen wir uns selbst optimieren und selbst finden, um noch bessere Ergebnisse, höhere und weitere Extreme zu erreichen.
Wir lenken uns ab mit ständigen diversen Reizüberflutungen und wundern uns dann, dass wir völlig überdreht sind und mit uns selbst und anderen nicht gut umgehen können und beharren dann noch auf unserer Meinung als die einzig richtige. Das kann nicht gut gehen. Aber (fast) alles hat zwei Seiten, zum Glück.

Wir müssen aufhören, so zu tun, als ob, nur um den Schein nach außen zu wahren und aufhören, uns selbst zu belügen. Mach dir selbst nichts vor, sei ehrlich zu dir selbst, wenn es dir gut geht und auch, wenn es dir mies geht.

Aber auch in schwierigen Situationen, sozusagen aus der Not heraus, kann Gutes entstehen.

Im Leben und speziell im Alltag geschehen immer wieder neue Wendungen, die wir so erst einmal nicht sehen und erahnen können. Alles verändert sich, und zwar ständig. Manchmal ist Schein und Sein völlig unterschiedlich, der erste Blick auf eine

Sache wird von einem zweiten Blick eventuell völlig anders wahrgenommen.

Manches ist zunächst schön und wird dann fast unerträglich und einige Dinge erscheinen zuerst sehr negativ und später sind wir froh und dankbar, dass wir nicht gleich abgelehnt, aufgegeben, sondern eventuell hinterfragt haben.

Wir sind doch immer zwischen Wollen und Müssen, zwischen Wünschen und Geschenken, oder? Das Leben ist ein Fluss.
Das Fließen eines Flusses ist ein Naturgesetz. So wie sich Tageszeiten und das Wetter ändern, so wechseln sich auch die Jahreszeiten, stetig und unaufhörlich, ob wir wollen oder nicht. So ist unser Leben. Es ist ständige Veränderung. Einatmen und ausatmen, speisen und Hunger empfinden und wieder essen. Wir müssen uns anpassen, bei kaltem Wetter ziehen wir uns eine warme Jacke an, bei hochsommerlichen Temperaturen können wir in ein Freibad schwimmen gehen, um uns abzukühlen.

So kommen auch traurige und lustige Situationen in unser Leben und bestimmen unseren Alltag. Auch, wenn wir dies nicht wollen, uns nicht wünschen, passieren dennoch schöne und auch weniger schöne Dinge.

Es hat (meist) zwei Seiten. Im Guten ist etwas nicht so Positives enthalten und umgekehrt auch.

Manchmal sind wir so sehr festgefahren auf unserem Weg, meinen wir. Dabei sind wir oft nur in Gedanken festgefahren und sehen die weiteren Möglichkeiten, die wir haben, nicht oder noch nicht.

Den Weg, der uns herausbringen könnte aus der Misere, sehen wir nicht und glauben ganz fest, dass es ihn nicht gibt. Wir reden uns ein, dass es ihn nicht gibt.

Aber, wenn wir wirklich einmal aus anderer Sichtweise ansehen oder beginnen, umzudenken, also andere Fragen stellen (und ganz ehrlich zu uns selbst sind!), dann gibt es mindestens zwei Wege.

Folgende Szene kennst du sicher aus alltäglichen Begegnungen:

„Hallo, geht es dir gut?"

„Ja, schon."

„Wirklich? Hast du das ehrlich gemeint oder nur so dahingesagt?"

„Ist doch egal, dies spielt doch keine Rolle. Mich fragt doch keiner, ich muss funktionieren. Das Hamsterrad hält nicht an."
„Was wünschst du dir, was könnte das Hamsterrad stoppen?"

(Sarkastisches Lachen…) „Was ich mir wünsche? Das interessiert doch sowieso niemanden. Ich **muss** doch. Wir müssen doch alle, den anderen geht es doch genauso wie mir, denke ich."

„Hast du heute früh aufstehen müssen oder wollen?"

„Wieso, das ist doch egal. Klar muss ich. Ich muss ja arbeiten und muss Geld verdienen."

„Macht dir dein Job Freude?"

„Nein, aber das spielt auch keine Rolle. Das Geld ist dringend notwendig, Miete und und und…"

Oder: „Nein, ich bin arbeitslos. Ich suche schon lange eine Stelle, aber es ist einfach nichts Passendes dabei oder man will mich nicht, ich passe nicht zu der Arbeit / Tätigkeit oder ich passe nicht ins Team, meinen die. Das Geld ist knapp, ich würde gern arbeiten."

Kommen dir diese Sätze bekannt vor? Was empfindest du, wenn du diese Sätze liest? Hast du heute mehr Müssen oder Wollen erlebt?

Konntest du heute bereits nach deinen Wünschen handeln?

Wie geht es dir? Ganz gut. Das ist meist die erste Frage und die darauffolgende Antwort, wenn man anderen Menschen begegnet, sei es im Treppenhaus, auf der Straße, im Supermarkt oder beim Arzt etc.

Jetzt frage ich dich: Wie geht es dir heute so, wie geht es dir im Moment?

Also fragst du dich nun selbst: „*Wie geht es mir heute so? Wie geht es mir im Moment so?*"

„*Ist ja egal, die Frage spielt keine Rolle, da ich sowieso funktionieren muss. Mich fragt doch keiner. Der Alltag ist wie er ist. Wie es mir geht, ist völlig belanglos. Es muss ja alles so sein. Man kann eh nichts ändern.*"

Dies sind meist die Antworten. Sind es auch deine Antworten, erkennst du dich wieder?

Fragt auch dich keiner, wie du im Hamsterrad des Alltags klarkommst? Ob du arbeitest oder zu Hause bist, das Rad oder die Stressmühle dreht sich für alle, auch, wenn es unterschiedliche Varianten gibt, zum Beispiel finanzielle Not, die auch Stress bedeutet.

Es geht um Gefühle, denn, wie es mir geht, ist ja so ein Gefühl, oder? Dürfen wir noch Gefühle haben? Als Erwachsene? Ist das nicht unmodern? Wir sind doch im Hamsterrad des Alltages genug ausgelastet, jetzt auch noch „Gefühlsdudelei"?

Warum gestattest du dir deine inneren Gefühle nicht? Bist du der Ansicht, dass du es nicht wert bist (unbewusste Ansicht)? Oder denkst du, dass du dann ein „Weichei" bist?

Aber frage dich, machst du das, was du alltäglich machst, egal, ob du arbeitest oder zu Hause bist, mit Freude? Du und dein Alltag, das Wort Alltag beschreibt ja schon gut, dass alle Tage gemeint sind und nicht nur die Wochenenden und Feiertage. Es ist dein Leben – der Alltag. Da darf und muss auch Freude sein und Freude ist ein so schönes Gefühl. Ja, wenn es nur so einfach wäre...

Gefühle, Wünsche und Bedürfnisse

Ich behaupte noch einmal, dass wir im Inneren immer noch Kinder sind. Wir sind die gleichen Wesen, nur groß gewachsen und geprägt durch Erlebnisse und Erfahrungen. Wir sind alle sensibel und mit Gefühl ausgestattet, zur Welt gekommen (außer bestimmte Erkrankungen, welche meine Behauptung relativieren könnten).

Heutzutage, als Erwachsene, finden wir die ganze „Fühlerei" sei unmodern, „ist etwas für Weicheier", solche und ähnliche Sprüche sind uns dann im Kopf.

Aber werde dir dessen bewusst: Spätestens, wenn dein Körper nicht mehr das macht, was du willst und sich Rückenbeschwerden, Knieprobleme, Kopfschmerzen und viele andere Symptome einstellen, ist es ratsam, zu fühlen, was dein Körper braucht.

Dein Körper sagt es dir dann durch Schmerzen, denn Schmerzen sind ein Warnsignal, auch und insbesondere von der Seele.

Wenn du Hunger hast und dein Magen knurrt, isst du ja meist auch etwas, um diesen Hunger zu stillen. Dies ist auch ein Körpergefühl. Körper, Geist und Seele machen uns als Mensch zu dem, was wir sind. Dazu zählen Gefühle und auch Emotionen.

Deshalb frage ich dich jetzt an dieser Stelle hier: Wie fühlst du dich gerade? Was fühlst du jetzt in diesem Moment? Bist du fröhlich, bist du nervös, traurig, gestresst oder fühlst du dich allein oder „na geht so"? Wie fühlt sich dein Körper an, wie fühlen sich die Beine an usw.?

Du fühlst nichts? Na, nichts geht nicht. Aber mach dir nicht schon wieder Stress „ich muss ja was fühlen, wenn sie in dem Buch so fragt".
Aber spüre einmal, wie warm oder kalt es gerade im Zimmer oder draußen ist. Siehst du, du fühlst etwas, und zwar über die Haut, nämlich Kälte oder Wärme, den Wind etc. Erst dann denkst du, „oh es ist kalt heute, ich muss eine Jacke anziehen".

Was als erstes da ist, das Gefühl oder der Gedanke, darüber lässt sich diskutieren, dies nur am Rande.

Also, du fühlst etwas, und wenn es auch nur kalt oder warm, äußerlich über die Haut wahrgenommen, ist. Wie fühlst du dich nun im Inneren? Ist da ein Wohlbehagen? Bist du traurig?

Freust du dich sehr über etwas? Nichts, nix? Aber irgendetwas ist immer. Irgendein Gefühl ist immer da, wir bekommen es im Allgemeinen nicht so mit und hier liegt auch die Gefahr. Denn während wir im Hamsterrad so rennen, ja sogar vor uns selbst wegrennen, schlummert das Gefühl etwas tiefer versteckt in uns.

Gefühle werden unterdrückt oder heruntergespielt. Wir müssen ja funktionieren.

„Ja, ich bin traurig, aber das ist keine große Sache. Ich bin gestresst, aber das sind wir alle. Ich bin nervös, aber ich soll mich nicht so haben. Ich soll nicht so empfindlich sein und das nicht so hochspielen."

Wer sagt das zu dir? Du selbst, deine innere Stimme? Ist es deine innere Stimme, die das schon verinnerlicht hat, was von außen ständig gesagt wird, vielleicht sogar schon seit deiner Kindheit? Sind es andere – wie Kollegen, Freunde, Partner?

Wir alle sind sensibel. Keiner will verletzt werden, jeder fühlt etwas. Oft sind viele Gefühle und Emotionen gleichzeitig da, der Mensch ist komplex und wir haben zigtausende Gedanken in der Minute, ja sogar in der Sekunde, zu verarbeiten. Jeder, der verletzt und gedemütigt wurde, baut eine Mauer zum Schutz um sich, die oft schon als Kind fundamentiert wurde.

Glaube mir, denn ich habe es selbst schon erlebt, dass die, die am stärksten „immer diese Gefühlsdudelei" und „das sind doch Weicheier" nach außen posaunen, innen ganz sensibel sind.

Wenn du sie allein triffst, sind sie dir gegenüber offen, aber in der Gruppe spielen sie die starke Rolle.

Allein zu Hause in ihrem stillen Kämmerlein weinen auch diese Menschen, so groß kann die Verletzung sein. Oder man erlaubt sich nicht einmal, zu weinen, selbst wenn man allein zu Hause ist.

Wie absurd sind wir Menschen nur, denn für die Verletzung und Demütigung, die uns zugefügt wurde, haben wir selbst keine Schuld. Dabei wäre es so wichtig, auch zu heulen, es kann den Schmerz der Vergangenheit lösen.

Manchmal hilft Heulen, wenn es bei dir so ist, dann heule. Nach dem Heulen sieht man vieles klarer und es geht einem meistens besser. Und: auch Männer dürfen heulen. Ich sage hier Heulen statt Weinen, denn Weinen will wieder keiner hören (das erinnert dann wieder an Weichei), obwohl wir alle Weicheier sind, denn wir sind alle, mit Gefühl ausgestattet, auf die Welt gekommen.

Haben wir verlernt, Gefühle haben zu dürfen?
Warum sind wir Menschen so. Was machen wir uns selbst vor?

Wissen wir, was wir eigentlich sind und was wir brauchen, was wir wollen und uns von Herzen wünschen?

Wie gesagt, spätestens, wenn dein Körper streikt, ist es Zeit, etwas zu ändern, nachzudenken und in sich zu spüren. Wir haben es nur verlernt.

Bedürfnisse

Hast du heute schon mehr „Sollen" und „Müssen" erlebt oder mehr „Dürfen", „Können und Wollen"? Sei ehrlich! Sei ehrlich zu dir selbst. Oder hast du auch deine Bedürfnisse wieder klein geredet, wie „ach, die sind nicht so wichtig"?

Sollen und Müssen – was uns von außen gesagt wird, wie wir sein sollen, beispielsweise „uns nicht so haben" ist das Eine.
Das andere Sollen und Müssen ist im Tun und Handeln, „man muss zur Schule gehen, man muss zur Arbeit fahren, muss und soll dies und das tun oder machen".

Was sind deine Bedürfnisse, was sind deine Werte, was ist dir wichtig?
Was ist im Moment der Bedarf deines Körpers, deiner Seele?

Wenn du zum Beispiel müde bist, dann ruhe dich aus. Dein Körper zeigt es dir, er ist klug und macht dies nicht ohne Grund. Hast du Hunger, dann isst du etwas, ist dir kalt, dann ziehst du dir etwas mehr an. Es gibt Grundbedürfnisse und dann gibt es auch andere Bedürfnisse, aber es sind deine eigenen. Es sind auch Wünsche, deren Erfüllung ebenso wichtig ist.
Es hängt auch mit deinen Werten zusammen, was du dir wünschst und was du benötigst, um ein zufriedenes Leben zu führen.

Auf Dauer unzufrieden zu sein, macht einen verbitterten Menschen aus einem.

„Ja, ich möchte so gern..., aber..." (und da kommt es), unsere aufgezählten Gründe, warum dies und das nicht geht, nicht funktioniert usw., sind unendlich.

Damit bist du nicht allein.
Aber warum machst du eigentlich nicht das, was du dir von Herzen (seit langem evtl. schon) wünschst? Was steht dem entgegen? Das Leben rast, glaube mir, ich bin ja schon „Ü50" und rückblickend frage ich mich, wo die Jahre hin sind. Im Alter von 20 Jahren lacht man noch darüber. Wenn jemand sagt, wie schnell die Kinder groß werden, winkt man ab und belächelt auch das. Und plötzlich ist man 40, 50 oder älter.

Es geht mir hier nicht um die Selbstfindung und Selbstverwirklichung und Selbstoptimierung! Es geht nur um die einfachsten Herzenswünsche, die so oft auf der Strecke bleiben. Ich möchte so gern…

Was möchtest du wirklich gern? Denk darüber nach und dann los, mache es! Mache es jetzt oder beginne es jetzt, bereite es wenigstens vor und plane, wenn es größere Sachen sind.

Du kannst es nicht, weil…

… es andere als „blöden Traum, Tagträumerei" usw. beschreiben würden, wenn sie auch nur deinen Wunsch je erfahren und wenn du es verwirklichst, dich als „Spinner/in" abwerten?

Was sind generell deine Bedürfnisse?

Werde dir dessen bewusst.

Ah, bewusst werden, tolles Wort. Schon wieder dieses Bewusstwerden. Langsam nervt das.

Aber gehen wir noch einmal zum Anfang zurück, zum geboren werden. Wir sind zwar anwesend, aber wir sind uns selbst nicht bewusst und das, was uns umgibt, wo Grenzen sind usw., ist uns unbekannt.

Als Kinder entwickeln wir dies erst nach und nach. Kinder haben feine Antennen. Als Kinder nehmen wir alles um uns auf und wenn wir getadelt werden, sind wir verletzt und wenn es nach unserem Empfinden ungerecht ist, getadelt zu werden, entwickeln wir Wut.

Wenn wir, wenn unser Dasein, ignoriert werden, entwickeln wir kein gutes Selbstwertgefühl. Wenn Angst ständig vorgelebt wird oder wir bedroht werden, entwickeln wir Angst schnell bis zur „Überangst". Das alles erscheint erst einmal logisch.

Die Wiederholungen dieser Erfahrungen im Kindesalter, machen erst das Problem.

Als kleine Kinder sind wir hilflose Wesen und völlig den um uns lebenden Menschen ausgesetzt. Wir haben keine Wahl, auch in Bezug auf Bedürfniserfüllung. Es wurde uns vielleicht als Kind gesagt, wir seien zu anspruchsvoll, es ist nicht genug Geld da, was wir immer wollen, lieb sind wir ja auch nicht usw. Also spielen wir unsere Bedürfnisse herunter, machen sie klein, um nicht maßlos zu erscheinen.

Erst als Erwachsene haben wir eine Wahl, auch wenn wir stark, sehr stark sogar, eine Prägung aus dem Kindesalter mit uns herumtragen. Was 14 Jahre oder viele Jahre mehr „eingetrichtert" wurde, kann nicht mal eben in 2 Jahren verschwinden.
Eine 60jährige Frau sagte einmal zu mir „ich bin eben so erzogen worden".

Wie lange ist deine „Kinderstube" schon her? Die Prägung aus der Zeit ist enorm. Leider sind dabei auch viele negative Prägungen geblieben.

Aber zurück zu deinen Bedürfnissen. Du hast Bedürfnisse. Die mindesten dürften sein: im Frieden leben, ein Dach über dem Kopf, Kleidung, satt zu essen und zu trinken.

Wenn du kämpfst, kannst du, zumindest bei uns in Deutschland, das alles haben. Wie gesagt, manchmal musst du auch dafür kämpfen und dich kümmern, aber du kannst es haben, ist meine Meinung und meine Erfahrung. Denn ich weiß, wovon ich spreche, wenn es sich „um die Wohnung kämpfen" handelt und auch ich habe das Arbeitsamt von innen gesehen.

Was sind deine weiteren Bedürfnisse? Was brauchst du zwingend, um zufrieden zu sein?

Sind es das große Auto nur für dich allein, ein Schloss oder eine Villa, ein Boot, ein Zweitwagen?

Oder reicht dir ein minimalistisch ausgestattetes Leben? Was ist dein Mindestbedarf und was wäre als Traumverwirklichung schön?

Keiner, auch wirklich keiner, hat das Recht (und das Wissen dazu), dir zu sagen, was richtig oder falsch ist. Das ist meine Meinung. Aber ich möchte auch hier nochmals betonen, dass dies immer nur in dem Maße erlaubt ist, wo niemandem Schaden zugefügt wird durch dein Denken und Handeln.

Was sind die Gegebenheiten in deinem Leben? Was kannst du tun, um deine Bedürfnisbefriedigung zu erreichen? Mit welchem Aufwand, welchen Kosten und ist es das dann noch wert, wenn z. B. deine Gesundheit unter Stress leidet.

Ist es wert, 60 Stunden zu arbeiten und dann irgendwann zu erkranken? Motto dabei „Ach, das wird mein Körper schon aushalten..."?

Bist du dir dessen selbst bewusst? Jetzt, da du erwachsen bist? Was möchtest du, weißt du das?
Wie wirken deine kindlichen Prägungen jetzt (noch). Willst du oder wolltest du z. B. studieren und Arzt werden, nur weil es deine Eltern sich so wünsch(t)en von dir? Sie woll(t)en nur das Beste für dich? Ist es das wirklich? Woll(t)en sie nur ihre eigenen Ansprüche erfüllen, haben sie ihre Träume nicht verwirklicht in ihrem Leben und denken, dass das jetzt gut für dich wäre?

Durch Bedürfniserfüllung schaffst du Selbstzufriedenheit, ganz einfach, indem du dir überlegst, was du am liebsten machen würdest. Achte hierbei nur nicht auf das, was andere sagen oder denken. Nur du, was du gern machen möchtest, zählt, Beispiel Arbeit: kannst oder konntest du den Wunschberuf erlernen mit deinen Möglichkeiten oder als Hobby usw.? Spiel es träumerisch durch. Ja, hier darf sich dein inneres Kind mal austoben und wieder träumen. Wer sagt, dass das falsch ist, wer behauptet das und warum muss dies richtig sein, was andere sagen?
Es gibt kein richtig oder falsch (außer wenn andere Schaden nehmen dadurch!).
Der Perfektionsdruck von außen und der, den wir uns selbst auferlegen, hindert uns.

Du kannst es aber selbst entscheiden, und, wenn dein Wunschberuf sich später für dich als nicht mehr passend erweist, dann kannst du natürlich neu überlegen mit deinen inzwischen gemachten Erfahrungen und Möglichkeiten.

Das hohe C ist es, wenn du es schaffst, deine Körperreaktionen (Intuition) zu erspüren. Das ist gar nicht so schwer, denn, wenn du frierst, spürst du es auch, oder? Aber auch intuitiv habe ich zum Beispiel manchmal gar keine Informationen von meinem Körper, wenn ich sie brauche. Das ist ganz unterschiedlich.

Ich übe hier noch. Leicht kannst du es trainieren, indem du wahre und falsche Aussagen mal testest und spürst, welche Körperreaktionen sich dann zeigen.

Welche deiner Bedürfnisse ignorierst du selbst und warum und welche sind zu kurz gekommen?

Klar, manche Wünsche müssen im Alltag zunächst ignoriert und verschoben werden, aber du brauchst einen Ausgleich.

Werden Bedürfnisse immer wieder unter den Teppich gekehrt, kann sich auch daraus eine Wut entwickeln. Neid auf andere, die dieses und jenes geschafft haben, die eine vermeintlich bessere Figur haben oder oder oder sind ebenfalls Anzeichen dafür.

Deshalb ist es so wichtig, sich selbst bewusst zu werden, welche Fähigkeiten habe ich, welche Bedürfnisse, wie gehe ich mit Gefühlen um und welche Gedanken sind in mir. Ah, mir meiner bewusst sein. Ist dies das Selbstbewusstsein? Deutlicher wird es, wenn ich es so schreibe: sich-Selbst-bewusst-sein.

Selbstbewusstsein und Selbstwert

Jeder Mensch freut sich, wenn er etwas geschafft hat, ein Ziel erreicht und wenn er bejubelt wird, nicht nur Künstler und Sportler, auch wir als kleine „Hanseln".

„Bejubele dich selbst", wird neuerdings oft geraten, „finde dich selbst und dein Potenzial", „Selbstverwirklichung" und „Selbstoptimierung" sind Begriffe der jüngsten Zeit.

Wir wollen es nicht übertreiben und ganz langsam anschauen, was dahintersteckt.

„Ich soll mich selbst bejubeln?"

„Wofür?", fragst du dich.

„Und ist das nicht egoistisch, selbstherrlich oder arrogant?".

„Nein, das mache ich nicht".

Wofür sollst du dich denn selbst bejubeln? Na, erst einmal, dass du auf der Welt bist. Du bist so, wie du bist, schon mal nicht schlecht. Du leistest auch etwas, für dich und für alle Mitmenschen, auch die kleinen Dinge sind wichtig.

„Was leiste ich denn", überlegst du im stillen Kämmerlein so vor dich hin.

Uns fällt es so schwer, uns selbst vernünftig und realistisch einzuschätzen.
Warum ist dies so? Oft merken wir nicht einmal, wie schlecht wir über uns selbst denken, denn wir finden ja nichts, wofür wir uns bejubeln können. Wir sind oft zu hart mit uns selbst und dadurch auch zu anderen, ohne dies überhaupt festzustellen.

Stammt dies aus den harten Kriegs- und Nachkriegsjahren unserer Eltern und Großeltern, die uns ihre Sichtweise weitergegeben haben, wie „hab dich nicht so", „Augen zu und durch" oder „Indianer kennen keinen Schmerz"? Heute ist ja eine ganz andere Zeit mit anderen und neuen Herausforderungen. Es gibt ständig neue technische Entwicklungen, die wie immer Fluch und Segen zugleich sein können, wenn wir sie nicht maßvoll anwenden und dann wegen Überforderung (unbemerkt und schleichend) kollabieren. Immer mit der innerlichen Härte von damals rennen wir durch die neue Zeit. Alles und ohne unsere Gedanken zu prüfen. Ist das der Grund für fehlende realistische Selbsteinschätzung?
Wir sind uns selbst nicht bewusst über uns und unser Verhalten. Fehlt uns das Selbst-bewusst-sein oder was ist es? Ich habe es absichtlich so geschrieben, um damit etwas deutlich zu machen.

Selbstwert(gefühl) – brauche ich das?
Alles nur Gerede?

Echtes Selbstwertgefühl kommt vom Herzen, Selbstüberschätzung vom Ego, finde ich. Dies wird oft verwechselt.

Aber der Reihe nach…

Wenn du das Wort Selbstwertgefühl liest, erahnst du fast schon, was es bedeutet: Selbst und Wert und das Gefühl.

Du gibst dir selbst einen Wert. Du bist selbst etwas wert. Und: es ist wichtig, dass du deine Werte und Wertvorstellungen erkennst und lebst. Denn, wenn du ständig gegen deine inneren Werte arbeitest, wird alles sinnlos für dich. Auf jeden Fall musst du natürlich deine Werte hinterfragen, ob diese niemandem Schaden zufügen könnten!

Dein Selbstwert ist so wichtig. Sage dies am besten jeden Morgen in dein Spiegelbild bzw. zu dir selbst:

Ich bin wertvoll, so wie ich bin.
Hier möchte ich betonen, dass es wichtig ist, anderen nicht zu schaden. Dann bist du gut so, wie du bist.

Ich muss mich nicht verbiegen, wie es andere von mir wollen. Ich habe einen Wert und kann meine Werte leben so wie jeder andere auch seine Werte leben kann.

Gutes Selbstwertgefühl zu haben ist eigentlich Problemlöser Nr. 1 von vielen Problemen im Alltag, aber, wenn du dieses gute Selbstwertgefühl eben nicht hast, ist das ein „Problemschaffer",.

Wenn du dir selbst sagst, dass du gut und vollkommen bist, ist das wie eine sichere Bank und wie ein sicheres Haus, von dem aus du fast alle Widrigkeiten und Probleme lösen kannst.

Wenn du eine Arbeit gut verrichtest, kannst du es gut bewerten, erst recht, wenn du diese Arbeit als sinnvoll erachtest. Bei Nichtgelingen machst du es nächstes Mal einfach besser, planst besser, probierst die Möglichkeiten, testest und gibst dir bei der Ausführung etwas mehr Mühe.

Es ist kein Scheitern. Es gibt keinen perfekten Weg, keine perfekte Lösung. Niemand ist perfekt.

„Ich habe so viel Tolles schon geschafft im Leben, warum ziehe ich mich selbst immer wieder runter, manchmal merke ich es selbst gar nicht, es läuft automatisch in meinem Inneren ab."

Diese Worte kommen dir bestimmt bekannt vor. Du wertest deine eigenen Leistungen noch selbst ab, ganz im Inneren, oft unbemerkt.

Wenn du selbst schon hohe Qualitätsansprüche hast, weil du dich auf einem Gebiet gut auskennst und arbeitest hart daran, erwartest du auch von anderen Menschen eine gute Rückmeldung. Wenn dann andere kommen, die dich auf diesem Gebiet nicht einschätzen können, und reden dich klein, frustriert dich das. Selbst wenn welche, die sich da auskennen, aber andere Ansprüche haben, dich abwerten, dann zieht dich das auch runter.

Bei wenig Selbstwertgefühl wird es dann zum Schaden für dich.

Wenn du dann noch über deine Leistungsgrenzen hinweg immer tausend Prozent geben willst, z. B. in der Arbeit, in der Familie, bei Freunden und Bekannten, und nicht genug Anerkennung zurück kommt zu dir, wirst du müde, unzufrieden, teilweise macht sich eine Sinnlosigkeit breit, traurig bist du und irgendwann krank.

Und deine Abwärtsspirale verstärkt sich mit Erkrankung dann auch noch, weil du dir außerdem noch nutzlos vorkommst, obwohl du dich so abkämpfst. Sieht denn niemand, was du leistest?

Es kommen psychosomatische Symptome, am Anfang relativ harmlos, wenn sie ignoriert werden, verstärken sie sich, bei mir war es Migräne und Erschöpfung bis zum Burnout.

Durch diese Symptome zeigt dir dein Körper, dass es so nicht mehr geht, die Seele schickt teilweise auch den Körper vor, denn die Symptome (Magen-Darmprobleme, wie Durchfall oder Rückenschmerzen und Knieprobleme, die zu Unbeweglichkeit und Unmöglichkeit der Fortbewegung führen können), kannst auch du dann nicht mehr ignorieren.

Viele Ärzte erkennen das auch schon, aber viele eben nicht. *„Sie wollen ja nicht, reißen Sie sich mal zusammen!"*, kommt dann als Spruch.

Körper, Geist und Seele gehören nun mal zusammen, ist nicht nur meine Meinung, ohne jetzt spirituell sein zu wollen. Es ist einfach so. Körper und Seele und Geist können sich wechselseitig beeinflussen. Ein entspannter Körper wirkt beruhigend auf dein seelisches Wohlbefinden und umgekehrt. Mit deinem Geist, also deinem Denken, kannst du deinen Körper zur Ruhe bringen. Wenn deine Seele Schmerzen hat, so musst du das genau so ernst nehmen, als wenn du Durchfall hast, denn da bist du gezwungen, was zu unternehmen und kannst z. B. nicht nach draußen gehen. Ich habe mit Absicht dieses Darmproblem ausgewählt, damit du anhand dieses krassen Beispiels erkennst, wie man sich auf körperliche Sachen konzentriert, aber die seelische Gesundheit wird oft als nicht so wichtig erachtet, selbst wenn dort Symptome auftreten können. Seelische Schmerzen äußern sich ja gerade auch oft durch körperliche Symptome. Sieh, wenn du aufgeregt bist, grummelt es im Bauch, da haben wir den Beweis.

Krank werden will niemand und soweit muss es nicht erst kommen, stimmts?

Selbstwertgefühl ist das A und O. Das ist die Basis deines Lebens, denn das bist du selbst und wie du dich siehst im Leben. Deswegen: Du bist gut so, wie du bist.
Wenn es in einer Partnerschaft richtige Liebe ist (also dein Seelenpartner, der dein Innerstes liebevoll und wertschätzend berührt), hilft es dir auch, gutes Selbstwertgefühl zu entwickeln und zu haben. Der richtige Partner im Leben will, dass es einem gut geht. Man kann auch wachsen aneinander, wenn man ehrlich zueinander ist, aber das Selbstwertgefühl darf auf Dauer nicht durch den anderen Partner verletzt werden. Dann stimmt etwas nicht mit eurer Beziehung.

Viele tragen Verletzungen in sich, zum Teil völlig unbewusst. In der Kindheit hast du vielleicht (unbeabsichtigt, evtl. nicht bewusst bösartig von Eltern und deinem Umfeld damals) nicht die volle Aufmerksamkeit bekommen und damit fehlte und fehlt noch immer deine Daseinsberechtigung,

Liebe wurde mit Leistungen verknüpft, von deinen Eltern, Verwandten oder Lehrern und du hast dort eventuell auch (manchmal ungerechte) Abwertung erfahren müssen. Es war damals leider so, sie kannten und konnten es nicht anders.

Kinder haben feine Antennen und beziehen alles auf sich (auch negatives und haben dabei ein Gefühl der Ablehnung und Schuldgefühle).

Aber: auch Eltern, Lehrer und weitere Bezugspersonen haben dich nicht immer mit Absicht abgewertet. Sie hatten und haben ihre eigenen Probleme und deine Eltern vielleicht auch wenig Zeit für dich, da sie arbeiten mussten und andere Geschwister zu versorgen waren usw.

Und: sie haben es nicht besser gewusst. Heute weiß man, wie wichtig es ist, den Kindern direkte Aufmerksamkeit zu schenken und unseren Kindern, Enkeln, Urenkeln usw. ein gesundes Selbstwertgefühl mitzugeben. Aber das Wissen umzusetzen im Alltag, das ist auch nicht leicht, das kennst du sicher selbst.

Auch ich habe schon in meiner eigenen Kindheit und danach noch gekämpft für Freude und Liebe, hab mich verbogen, um geliebt und gemocht zu werden. Dieses Muster gilt es abzuändern. Ich muss nicht um die Liebe und Zuwendung anderer Menschen betteln, auch du nicht.

Werde dir dessen bewusst. Jetzt bist du erwachsen und kannst selbst aufwerten, was gefehlt hat.

Daher: Du bist gut, so wie du bist. Sage es dir immer wieder!

Keiner kann sich ein (Vor-)Urteil über dich erlauben. Niemand kennt dich so gut wie du dich selbst kennst in all den Jahren und auch das manchmal noch nicht, mir geht es so und sicher anderen auch. Sich selbst versteht man ja auch nicht immer.

Also keiner kann dich richtig einschätzen. Niemand lebt dein Leben, erlebte deine eigene spezielle Geschichte, hat deine Erfahrung gemacht usw. Umgedreht ist es auch so, du kannst andere auch nicht (vor)verurteilen.

Du bist gut, so wie du bist. Der andere ist es auch.

„Ja, aber", wirst du sagen, „da sind noch Schwächen, die ich selbst an mir nicht mag."

Das Annehmen der Schwächen, eine heikle Sache. Aber: sage es dir immer wieder, auch meine Schwächen gehören zu mir. Andere haben wieder andere Schwächen. Na und. Das ist nicht leicht, aber trainiere es, jeden Tag.

Es gibt keine Vollkommenheit. Sieh dich in der Natur um, kein perfekter Baum, keine perfekte Pflanze usw. Wir Menschen sind auch Natur. Keiner ist perfekt.

Nur, wenn dein Partner auch deine Schwächen liebt oder zumindest akzeptiert, ist es ein Seelenpartner, denn dann berührt er dich in deinem Innersten und nimmt dich so an, wie du bist. Jeder hat schwache und starke Seiten und schwache und starke Momente.

Aber: wer bewertet, was stark und schwach ist und was somit negativ und positiv ist? Niemand. Keiner hat das Recht dazu.

Aber, auch du darfst dich so annehmen, wie du bist. Das ist vielleicht die Grundvoraussetzung für einen Seelenpartner.

Sei du dir selbst erst einmal der Seelenpartner, und zwar in jedem Moment des Alltags. Ich denke, dann kann dich beispielsweise auch niemand verletzen.

Hinterfrage deine schlechten Gedanken, die du über dich selbst hast. Prüfe, ob diese wahr sind und ob diese wichtig sind.

So frage dich zum Beispiel, wenn du dich zu dick findest oder nicht schön genug, wieso du das denkst und woher kommt dies, evtl. nur aus der Werbung mit schönen schlanken Menschen?

Alles ist nur relativ. Es gibt (fast) immer zwei Seiten. Du bist gut so, wie du bist. Punkt.

Mit gutem Selbstwertgefühl bist du nicht so leicht angreifbar. Das erkennt der andere an deiner aufrechten Körperhaltung und dann traut man sich nicht, dich anzugreifen, verbal, also mit Worten, und auch körperlich. Mobbing passiert einem Menschen auch durch fehlendes Selbstwertgefühl.

Meist ist der Mobber (auch ohne gutes Selbstwertgefühl) selbst Opfer von Mobbing gewesen, zum Beispiel in der Kindheit, im Elternhaus, hat er Demütigungen erfahren, diese nicht verarbeiten können und gibt das nun weiter an andere, tritt sozusagen den Schwächeren.

An starke (innerlich in sich ruhende, selbstbewusste) Menschen traut er sich nicht heran. Selbst-bewusst, ich habe es hier absichtlich mit Strich versehen, bedeutet, dass man sich seiner selbst bewusst ist.

Ähnlich wie beim Selbstwert, das ist der Wert, den du dir gibst, musst du dir dessen bewusst sein (das ist dann das Selbstbewusstsein). Wenn man über sich selbst weiß, was man an sich hat und was man leistet, ist alles einfach.

Doch oft ist dies in Momenten oder zeitweise nicht vorhanden. Wir sind nicht zu jeder Zeit „gut drauf".

Ein schwacher Moment genügt, der Mobber hat vermeintlich freie Bahn. In schwachen Momenten ist unsere dünne Schutzhülle offen für Angreifer und Verletzungen.

Das gilt es zu verhindern, indem wir es schaffen, in uns selbst zu ruhen und dies signalisiert nach außen Stärke. Wir dürfen hier jedoch keine neuen Schutzmauern bauen, sondern in uns selbst ruhen lernen durch Auffüllen unserer realistischen und guten Gedanken über uns selbst.

Auch wenn jemand stark verletzt oder gedemütigt wurde von Menschen, denen wir, beispielsweise in der Kindheit sehr vertrauen und als Kinder abhängig sind von diesen Menschen, haben wir als Erwachsene sowieso, immer, die Wahl, wie wir mit dieser alten Verletzung umgehen und was wir daraus machen.
Nur muss uns erst einmal bewusst werden, dass diese alte Verletzung oder dieses Trauma für die heutigen zwischenmenschlichen oder/und gesundheitlichen Probleme verantwortlich sind.
Aber warum kämpfen wir gegeneinander schon am Arbeitsplatz, warum in der Schule (aber da sind wir noch Kinder und das klammere ich jetzt mal hier aus).
Als Erwachsene müssen wir uns fragen: Haben wir keine anderen Probleme, als uns ständig zu vergleichen und zu bewerten und zu bekämpfen, nur weil der andere auch eine

andere Meinung hat, andere Klamotten trägt, anders redet, sich anders verhält?

Nein, scheinbar geht es uns zu gut, oder? Andere hungern auf dieser Welt, kämpfen jeden Tag ums nackte Überleben. Und was machen wir?

Wir bekriegen uns am Arbeitsplatz, unserer Existenzgrundlage! Warum sind wir Menschen so absurd?
Wir müssen auch gar nicht so weit in die Welt schauen. Auch um uns herum gibt es schwer kranke Menschen, die froh wären, wenn sie ohne Schmerzen mal an die frische Luft raus könnten.
Wir vergessen dies alles so leicht. Wir bekommen es ja auch immer präsentiert durch die Werbung, wie wir sein sollen. Aber auch hier haben wir die Wahl, was wir uns ansehen, hören und was wir glauben.

Bedenken wir doch immer, wenn man andere Menschen sieht, man kennt nicht ihre Geschichte, ihren Werdegang und kann sie nicht beurteilen, nicht bewerten und nicht abwerten.
Auch andere dürfen dies nicht mit dir tun und du selbst sollst dich nicht immer beurteilen, bewerten und abwerten!

Du bist gut, so wie du bist. Aber schade niemandem. Nur dann bist du gut, wie du bist!

Liebe und Seelenpartner

Und: Was ist mit Selbstliebe und Einsamkeit?

Von Selbstachtung und Selbstliebe bis zur Liebe in einer partnerschaftlichen Beziehung

Wo Liebe ist, ist kein Hass. Das ist schon einmal ein guter Ansatz.

Selbstliebe wollen viele nicht hören, aber sagen wir mal Selbstachtung und Selbstannahme, sich selbst der beste Freund sein. Das ist schon viel, denn sich selbst so annehmen wie man ist, und Selbstachtung zu haben, ist auch mit Voraussetzung, um einen anderen Menschen zu lieben.

Wenn man wenig von sich selber hält, glaubt man nicht, dass man geliebt werden könnte. Aber jeder Mensch möchte gern in den Arm genommen werden, auch wenn es nur durch nette Blicke geschieht, die Achtung des anderen Menschen kann man unterschiedlich ausdrücken. Jeder will geliebt werden, auch die, die noch so cool tun.

Die starken Mauern außen herum verdecken nur tiefste Verletzungen. Aber innerlich sind wir alle sensibel. Die als Kind oder im Laufe des Lebens stark an der Seele verletzten Menschen sind ebenso sensibel, nur eben mit Schutzmauern versehen. Nur geben sie es nicht zu, spielen den coolen Helden. Vielleicht sind gerade auch diese Menschen mehr sensibel, ich will nicht sagen hochsensibel. Sogar vor der Geburt, also in der Schwangerschaft der Mutter prägende negative Belastungssituationen, können daran beteiligt sein, wie es einem Menschen später gesundheitlich geht. Aber das ist alles noch nicht generell erforscht. Aber Fakt ist, sensibel sind wir alle, auch wenn wir es nicht zugeben.

Denk mal daran, wie du als Kind einen Teddybär geknuddelt hast. Du konntest ihm alles anvertrauen, deinen Weltschmerz, wenn dich keiner mehr verstand. Der Teddybär hat dich nicht bewertet, nicht abgewertet, sondern so angenommen, wie du warst. So wollen wir heute als Erwachsene auch angenommen werden und sehnen uns nach dieser bedingungslosen Liebe.

Wir sind im Inneren auch noch das gleiche Kind, nur weil wir größer gewachsen sind, sind wir dennoch gleich, zwar mit neuen Erfahrungen und Erlebnissen, aber immer noch fast gleich.
Sich selbst lieben, damit haben viele noch ein Problem. Aber sich selbst der beste Freund sein, ist ein guter Beginn und man kann sich dem Thema nähern.

Denk mal an das Verliebtsein. Wenn du jemanden magst und gern mit demjenigen zusammen wärst, und er dich dann auch will, fühlst du dich selbst großartig, kannst die Welt umarmen, lächelst den ganzen Tag und machst komische Sachen, aber egal, du bist so toll. Die rosarote Brille kann auch Vorteile haben und ist so gesund. Versetz dich in dieses Gefühl. Auch unschöne

Tätigkeiten erfüllst du gern, sogar mit einem Lächeln. Körper, Geist und Seele profitieren von diesem Zustand, das Immunsystem wird gestärkt, die Durchblutung verbessert.

Sei einfach ehrlich zu dir selbst. Besonders am Anfang einer Beziehung ehrlich zu sein, ehrlich zu sich selbst und zu dem, was man möchte, ist entscheidend, und trotz rosaroter Brille notwendig.

Augen auf bei der Partnerwahl, doch so einfach ist das ja nicht, wie wir wissen. Aber die Annahme, dass bei jedem Menschen, der in unser Leben kommt und in den wir uns verlieben, irgendwas nicht passt, reicht da nicht. Auch der Gedanke, es wird schon irgendwie werden, ist gar nicht ratsam.

Meine Werte dürfen auf Dauer nicht verhöhnt oder klein geredet werden. Ich muss mich wohlfühlen in dieser Partnerschaft, sonst ist es nicht passend für immer, auf Lebenszeit. **Echte Liebe ist nur auf Augenhöhe möglich, geben und nehmen müssen sich ausgleichen.** Man muss mit dem anderen über alles reden können, was einen bedrückt, ärgert, freut, einfach über alle Gefühle in uns. Wenn einer den Partner bevormundet (manche merken dies gar nicht), dann ist es keine Liebe. Ebenso wenig ist es Liebe, den anderen Partner in Krankheitstagen allein zu lassen, außer er möchte Ruhe. Echte Liebe ist, wenn man dem anderen nur das Beste wünscht von ehrlichem Herzen. Des Weiteren muss ich mir zu jedem Zeitpunkt sicher sein, dass der Partner ausnahmslos zu mir hält. Kannst du das über dich und deinen Partner behaupten?

Man möchte lange mit dem Partner zusammen sein und das bedeutet, auch gesund zu bleiben. Wenn man seinen Partner oder seine Partnerin zu dünn oder zu dick findet, kann dies auch Ausdruck für Bedenken hinsichtlich der Gesundheit sein und man sollte ehrlich darüber sprechen und nicht lästern über das Aussehen.

Ansonsten sind Äußerlichkeiten, die bemängelt werden (außerhalb der wirklichen Gesundheitsbedenken), auch kein Ausdruck von richtiger Liebe. Wenn ich am Aussehen meines Partners etwas auszusetzen habe, sollte ich zunächst überlegen, ob mein eigenes Aussehen dies rechtfertigt und ob hier meine Werte generell realistisch sind oder evtl. andere Gründe, wie Sorge um Gesundheit des Partners, vorliegen.

Umgekehrt, wenn ich Bemängelung des Äußeren durch meinen Partner erhalte und wenn es mich verletzt, was der Partner sagt, muss ich auch überlegen, warum es mich verletzt. Bin ich selbst mit mir nicht im Reinen, weiß ich im Innersten, dass der Partner recht hat?

Kann ich meinen Körper, mich selbst, so annehmen wie ich bin?

Wer richtig liebt, will, dass es dem anderen gut geht, egal zu welchem Zeitpunkt. Oft ist es wieder das verletzte, verbitterte innere Kind in uns, unser Ego, verletzter Stolz, was zum Vorschein kommt und zeigt sich in bösen Blicken, Beschimpfungen und Schuldzuweisungen, Kämpfen sowie krankhafte Machtdarstellung.

Wenn man jung ist, denkt man natürlich anders als im Alter von 40 Jahren und man weiß nie, was in 5 oder 10 Jahren ist. Auch die Werte und die Interessen bei mir und beim Partner ändern sich im Laufe eines Lebens. Das macht eine langjährige Beziehung so kompliziert. Aber es ist wichtig, am Beginn einer Beziehung meine Herzenswünsche und -werte zu beachten, zumindest bevor ich heirate oder eine feste Beziehung eingehen will.

Sollte es dann nicht funktionieren, ist eine freundschaftliche Trennung noch das Beste. Möchte man die Beziehung durch Versöhnung fortführen, muss alles, wirklich alles, was beide bedrückt und stört, auf den Tisch und besprochen werden. Erst dann kann man entscheiden, ob man es weiter versucht, mit Änderungen zusammenzubleiben oder sich in Freundschaft trennt. Nach einer Versöhnung ist es hilfreich, gute Freunde und nette Verwandte um sich zu haben. Freunde und Verwandte, die sich während Auszeit der Beziehung „nicht nur auf eine Seite geschlagen haben". Denn Mitmenschen können und dürfen nie über eine Beziehung, Ehe oder dergleichen urteilen.

Sie selbst leben ja nicht mit diesem Partner zusammen und haben ganz andere Vorstellungen, Wünsche, Gefühle usw. Deshalb ist eine Beurteilung hier gar nicht möglich. Während einer Trennung, einer Krise oder nach einer Auszeit siehst du ganz klar und deutlich, wer ein echter Freund von dir ist und es wirklich von Herzen gut mit dir meint. Du kannst gern auf die verzichten, die es nicht gut mit dir meinen. Sie tun dir nicht gut und eurer (neuen) Fortsetzung der Beziehung auch nicht. Sei ehrlich zu dir selbst und du wirst dies ganz genau spüren.

Es gehören immer noch mindestens zwei dazu, ob es sich um eine Partnerschaft, ein Arbeitsverhältnis oder zwischenmenschliche Begegnungen generell handelt. Es ist, wie es ist und es soll so sein. So muss man es am Ende auch denken können.

Unsere unterschiedlichen Fähigkeiten

Ist Selbstliebe aus Selbstannahme möglich?

Wir werden mit bestimmten Fähigkeiten geboren. Ich denke hier an die Fähigkeiten, die unser Körper, natürlich in steter kooperativer Zusammenarbeit mit Geist und Seele, besitzt.

Jeder verfügt über Fähigkeiten und jeder wird gebraucht, auch du!

Nicht nur Mathematikasse oder Lehrer, nein, auch Müllfahrer, Sänger, Arbeitslose, Reinigungskräfte, Behinderte, Ärzte, Polizisten, Feuerwehrleute, Obdachlose, Pflegepersonal und die Liste ist endlos, haben jeweilige eigene Fähigkeiten und auch Talente. Ich habe die Aufzählung durcheinander gewürfelt, um keine Wertigkeit einzubringen. Wir brauchen dich als Einzelnen mit deinen Fähigkeiten und wir erfreuen uns an verschiedenen Talenten, Menschen, die uns zum Beispiel mit Musik, Malerei oder Sport begeistern. Du hast, wie jeder andere Mensch auch, ebenso Talente.

Ich brauche, und auch du brauchst, andere Menschen, denn du lebst nicht auf einer Insel mit Selbstversorgung.

Von jeher haben die Menschen auch nur in der „Sippe" überlebt, aber das nur am Rande und darum geht es mir jetzt nicht, vielmehr um die Fähigkeiten eines jeden Einzelnen.

Du bist gut, so wie du bist, behaupte ich jetzt einfach so. Auch durch dein Handeln und deine Leistungen, wenn du anderen damit nicht schadest, bist du gut. Selbst wenn ich keine große Durchsetzungskraft habe und mir nicht immer viel gelingt im Alltag (jeder Tag ist anders, jeder Moment ist anders), so zählen auch die kleinen Dinge. Misserfolge haben ebenso ihren Wert, denn das Lernvermögen daraus ist wichtig. Der Schein nach außen trügt oft, man muss hinter die Fassade schauen. Selbst große Erfolge haben ihre Schattenseiten. Alles oder fast alles im Leben hat zwei Seiten.

Wer andere bewertet und abwertet, macht das mit sich selbst auch und es geht einem dabei nicht gut. Überlege einmal, warum du es mit dir machst. Warum wertest du dich ab, das ist die Frage aller Fragen. Danach frage dich, warum du andere abwertest. Du kennst den anderen nicht, vielleicht kämpft er gerade mit einer schweren Krankheit oder einem Verlust und du schätzt ihn völlig falsch ein, deutest seine Ausstrahlung oder seine Wortwahl falsch?

Ich wiederhole es noch einmal: Ein Moment als solches ist friedlich und neutral. Wir selbst sind neutral, nur machen wir es durch Bewertung kompliziert.

Aber nur einreden *„ich bin gut"* und *„ich muss positiv denken"*, reicht nicht. Ist vielleicht meine Daseinsberechtigung in Schieflage geraten? Diese wird in der Kindheit aufgebaut/angelegt. Jetzt als Erwachsener kannst du bewusst und liebevoll dir selbst diese Berechtigung geben.

Du bist gut, wie du bist gut! Punkt. Bist du dir dessen bewusst?

„Nein", lautet meist die Antwort.

„Warum nicht, was magst du denn nicht an dir? Weshalb findest du dich nicht wertvoll? Andersherum: was magst du an dir? Nichts?"

Das stimmt nicht, hundertprozentig nicht.

„Du findest im Moment nichts? Warum?"
Dann frage dich jetzt hier an dieser Stelle: was magst du im Leben? Ein Eis? Schokolade? Ja? Treffer. Gut.

Jetzt musst du bestimmt lachen oder verdrehst die Augen.

Wenn du dann also Schokolade oder Eis isst, dann freust du dich, lächelst, stimmts?
Das war gerade eine kleine Ablenkung für das Gehirn. Also nochmal, was magst du an dir? Na wenigstens, dass du lachst, wenn du Schokolade isst.

Du kannst lachen und sicher siehst du dabei soooo sympathisch aus. Jeder Mensch ist friedlich und schön, wenn er lacht. Also hast du mindestens eine Eigenschaft. Ich bewerte diese Eigenschaft aber nicht, teile sie nicht in „gut" oder „schlecht" ein, sie ist zunächst neutral. Dein Gehirn aber ist zu sehr im Negativmodus gefangen und gibt dir keine anderen Antworten momentan.

Dann gehe es mal langsam an. Leg dir Zettel und Stift hin und überlege den Tag über, was du an dir gut findest. Einfach so.

Sehen wir uns hier auch einmal in der Natur um: ein schief gewachsener Baum erfüllt seinen Nutzen wie alle anderen Bäume. Er spendet Schatten, nimmt Kohlendioxid auf und gibt Sauerstoff ab und erfreut uns mit seinem Grün, genauso wie ein nicht schief gewachsener Baum. Außerdem gilt es auch hier zu klären, wer denn sagt, was ist schief und was gerade, was ist richtig oder falsch?

Auch jeder Mensch hat Besonderheiten an sich, jeder Mensch hat schöne und weniger schöne Merkmale (Äußerlichkeiten und Charakter), es sind zwei Seiten der Medaille.

Warum fällt es den Menschen so schwer, das zu akzeptieren?

Warum müssen wir uns und andere Menschen im Alltag ständig bewerten und oft abwerten? Wir merken das nicht einmal, wie gesagt.

Mir fiel das gestern wieder einmal bei mir selbst auf, ich fühlte mich unwohl. Ich war unterwegs, es war beim Einkaufen. Der Grund für mein „Unwohlgefühl" war, wie sich später herausstellte, dass ich mich unbemerkt selbst schlecht bewertet hatte. Zu diesem Ergebnis kam ich, nachdem ich in Ruhe meine Gedanken hinterfragt habe und dabei ist es mir dann bewusst geworden, wie ich mich abwertete. Dies geschah scheinbar unbewusst automatisch. Durch diese Überlegungen und Feststellungen kam es dann in das Bewusstsein, es ist mir also danach bewusst geworden.

Das menschliche Gehirn ist bis ins hohe Alter änderungsfähig und somit auch die Denkweisen. Schubladendenken, Vorurteile, Bewertung, Abwertung (auch sich selbst, ohne dass man es merkt) sind nur einige Beispiele für negatives Denken. Aber man kann nicht immer in positives und negatives einteilen, oft verfließen diese auch.

„Halt einfach mal die Klappe, du innerer Kritiker!", möchte ich mir immer öfter sagen, nehme ich mir vor! Manchmal ist man von seiner eigenen Denkweise absolut überzeugt. Manchmal ist man stur und beharrt auf seiner Meinung. Doch das bringt uns im Zusammenleben und im Alltag nicht weiter. Diplomatie und aufrichtige Kommunikation mit anderen Menschen sind so wichtig im alltäglichen Leben.

Wer sagt, was richtig oder falsch ist? Wer sagt, dass ich und du immer richtig denken müssen?

Keiner.

Jeder Mensch ist wertvoll, jeder Mensch ist anders, es gibt keine völlig übereinstimmenden Zwillingsmenschen.

Es gibt keine Norm, wie ein Mensch zu sein hat und wie nicht. Natürlich, gewisse Regeln und Gesetze im Zusammenleben müssen eingehalten werden, das ist klar. Aber ich meine hier, dass die Werbung zum Beispiel uns zwar oft zeigen will, wie alles so zu sein hat, aber jeder Mensch hat auch hier die freie Wahl, zu entscheiden, was er braucht und was nicht, wie er sein will und wie nicht, um im Alltag mit anderen gut klarzukommen und ein gesundes Leben zu führen.

Einsamkeit

Ist man überhaupt jemals allein oder einsam?

Ich behaupte, dass ich mich in Momenten, in denen ich mit mir im Reinen bin, mich nicht einsam oder allein fühle. Einsam und allein sein sind sowieso zwei verschiedene Dinge.

Auch eine kurze Zeit des Alleinseins bringt Erholung oder neue Erkenntnisse für dich und über dich selbst. Du kannst dir über manches klar werden.

Ich kann allein sein und muss dabei nicht unbedingt einsam sein. Ruhe ich sozusagen in mir, kann ich mich zu jeder Zeit geborgen fühlen und bin dennoch nicht einsam.

Dabei ist es aber nicht hilfreich, Alleinsein durch ständige Reizüberflutung, wie dem Fernseher oder ähnlichem, auszugleichen.

Allein zu sein hat auch Vorteile. „Ich kann machen was ich will, auf dem Sofa in alten Klamotten fläzen" wirst du jetzt aufzählen und du findest sicher noch weitere Dinge.

Klar, keiner ist auf Dauer gern allein, wir Menschen sind Gesellschaftswesen.

Einsam sind wir aber auch unter vielen Menschen, wie zum Beispiel einsam durch Handyblick, wenn unterwegs alle auf ihr Handy starren und nur wenige schauen um sich. Dadurch verpasst man viele schöne Momente in seinem Leben.

Wege: wie der Alltag leichter sein kann

(Auch Pausenwege finden ...)

Selbstfürsorge

Gib dir, was du wirklich von Herzen brauchst! Sorge für dich und dein Inneres liebevoll!

Selbstfürsorge kann auch ein anderes Wort für Selbstliebe sein, aber auch für einen Partner kann ich liebevoll sorgen. Ich kann aber nicht verlangen, dass ein anderer Mensch mich glücklich macht. Ich kann nur verlangen, dass man mich nicht abwertet und verachtend mit mir umgeht. Aber auch da muss ich mich fragen, warum mich mein Partner oder ein anderer Mensch abwertet (Narzisst und Opfer des Narzissten). Keiner wird als Narzisst geboren und keiner als Opfer des Narzissten, es ist alles mit der Prägung im Kindesalter und Verletzungen/Demütigungen verbunden.

Wenn ich mich selbst mag, auch mit meinen Verletzungen und Schwächen, dann kann ich auch liebesfähig werden.
Sei du dir zuerst dein eigener Seelenpartner, kümmere dich liebevoll um das, was du von Herzen brauchst.
Finde heraus, was dein Herz wirklich braucht!

Wir kaufen teure Autos, für die Autos das beste Pflegemittel, den besten Treibstoff, aber was machen wir für uns? Wir hetzen durch das Leben, um diese (teils erträumten teuren)

Gegenstände irgendwann einmal besitzen zu können, sind dann teilweise krank und können das dann sowieso nicht genießen.

Kümmere dich um dich, jeden Tag!

Gib dir die Zeit, die du brauchst und beachte nicht, was dir andere vorschreiben wollen, wie lange etwas zu dauern hat, egal, ob es sich um einen Trauerprozess handelt oder andere Probleme, die dich beschäftigen.

Ein verletztes Bein braucht auch seine Zeit zum Heilen. So ist es auch mit Schmerz und Traurigkeit deiner Seele. Überlege, was kann ich noch tun, noch ändern, um meinen Zustand zu verbessern.

Weine (ja, auch Männer dürfen weinen!) so lange, bis keine Träne mehr da ist. Lass dich aber auch nicht hängen und versinke nicht zu tief in der Trauer.

Wenn du merkst, dass dich weinen zu sehr erschöpft, versuche eine Pause zu machen, die Pausen werden immer größer, du wirst es sehen. Auch bei mir hat es geklappt. Was habe ich alles Gutes um mich, was kann evtl. helfen und trösten.

Hilft Akzeptanz jetzt schon oder bin ich noch nicht so weit? Was kann ich dennoch tun, ändern im Denken vornehmen?

Geh in deinem eigenen Rhythmus, deine Zeit. Wenn andere sagen, du musst wieder raus, höre nicht auf sie, es ist deine Sache, du bestimmst das.

Du allein fühlst es und du allein entscheidest darüber, wann und wie du wieder „unter die Leute willst", also rausgehen willst und andere treffen. Körperpflege ist wichtig, das wissen wir alle, aber Duschen zum Beispiel tut auch der Seele gut und spült Stresshormone von der Haut (die Haut ist auch ein Ausscheidungsorgan). Außerdem ist das warme Wasser wärmend für die Seele. Kaltes Wasser am Ende des Duschvorganges bringt dich vielleicht zum Kichern, der erste kleine Weg aus der traurigsten Phase. Überlege, was kann dir im Moment helfen, was später. Wie geht es anderen? Wie haben es andere in genau meiner Situation durchlebt?
Überlege, suche, spüre und fühle, ob dir etwas guttut. Aber bedenke auch hier, dass jeder Mensch anders ist und unterschiedlich reagiert und umgeht mit Kummer. Lass dich nicht überreden und „überrumpeln".

Wenn du immer wieder nicht einschlafen kannst, dann schaffe dir als Erstes eine gute Schlafumgebung, also Schlafgeborgenheit oder eine Wohlfühlzone, denn der Körper will sonst nicht zur Ruhe kommen.
Das ist uns theoretisch eigentlich alles klar, aber oft so schwer umzusetzen.

Manchmal hilft es, das Bett ein klein wenig im Raum zu verrücken, man kann dies einfach ausprobieren und erzielt Erfolge, ich wollte es auch nicht glauben.

Sich selbst gut zureden hilft auch, sich selbst beruhigen und den Gedanken vermitteln, dass alles in Ordnung ist, dass man in den Schlaf gehen darf. Wenn ich mir selbst vermitteln und mich auch davon überzeugen kann, dass ich in Sicherheit bin, findet auch mein Nervensystem zur Ruhe. So gelingt mir in letzter Zeit das Einschlafen und Wiedereinschlafen nachts ganz gut. Alles soll so sein und hat seine Richtigkeit.

Es klingt nach Hokus Pokus, ist es aber nicht: Ausatmen und dann tiefes Ein- und Ausatmen lassen dich zur Ruhe kommen. Probleme wälzen kannst du auch am nächsten Tag, sagte ich mir, und manchmal kommt die Lösung am nächsten Morgen.

Kleine Tipps zum besseren Einschlafen oder Wiedereinschlafen sind auch: Atme tief ein und aus und zieh sanft die Schultern runter, so kannst du auch noch freier atmen. Wärme lockert Verspannungen und gibt Geborgenheit.

Durch die Entspannung lockern sich die Muskeln und du kannst schneller einschlafen. Eine Tasse warme Gewürzmilch, entweder nur mit Honig oder eben auch mit Gewürzen, wie Zimt, Kardamom, oder was dir schmeckt, tun gut.

Wenn dein Geist mit Grübeleien immer wieder nervt, hilft eine kurze Ansprache: „Ruhe jetzt", klingt lustig, und auch lachen entspannt.

Ich denke, wir müssen die Zeit wieder mehr an uns anpassen und wir uns nicht an sie. Das Hamsterrad zu stoppen gilt es, um wieder ein besseres Lebensgefühl zu bekommen.

„Egal was ich mache, es bringt ja sowieso nichts." Du arbeitest hart mit angezogener Handbremse. Dann ist es, auch bei Maschinen, so, dass sie durchbrennen. Wir sind aber Lebewesen und keine Maschinen (selbst Maschinen müssen gewartet und gepflegt werden). Wenn wir uns und unsere Gesundheit (Körper, Geist und Seele) nicht warten und pflegen, brennt bei uns sozusagen auch etwas durch.

Bist du müde, dann frage dich, will mein Körper und meine Seele jetzt Ruhe? Klar, auf Arbeit kannst du dich nicht hinlegen, aber mindestens tief durchatmen und ggf. auch etwas langsamer zu arbeiten, ist wichtig. Denn, wenn du müde bist, lässt die Konzentration nach und Fehler schleichen sich schneller ein. Das ist eigentlich auch klar, oder?

Wenn du müde und zu Hause bist, dann lege dich hin, gib deinem Körper und deiner Seele Ruhe, denn es gibt kein Maß, wie oft und wie lange ein Mensch dies braucht.

Kein anderer Mensch kann es dir vorschreiben, du hast deinen eigenen Rhythmus! In der Ruhe kommen ggf. auch neue gute Ideen oder Lösungen von Problemen, Kreativität usw.

Sich selbst so wie man ist wertvoll zu erachten, ist der beste Schutz gegen das Ausbrennen. Das ist leichter gesagt als getan. Nicht nur das Thema Selbstwert auch die anderen Themen Traurigkeit, Schlafstörung usw. finden sich beim Burnout, der Erschöpfung von Körper, Geist und Seele, dem Totalzusammenbruch. Ich will hier auf die anderen vorangegangenen Abschnitte (Themen) nicht noch einmal eingehen, um Wiederholungen zu vermeiden.

Wollen wir nun das Hamsterrad endlich etwas bremsen?

Selbst nach einem Urlaub ist alles spätestens nach einer Woche im Alltag schnell wieder wie vorher und das Hamsterrad dreht sich unermüdlich weiter und immer schneller.

Immer schneller, höher, weiter in unserem Leben – wo soll das hinführen?

Wir Menschen sind, auch wenn wir uns immer neu anpassen, nicht in der Lage den Geschwindigkeiten von Entwicklungen unbeschadet so schnell zu folgen.

Neue Entwicklungen sind Fluch und Segen zugleich. Das richtige Maß der Anpassung ist hier sehr wichtig.

Du willst perfekt sein, perfekt gibt es aber nicht, glaube mir. Du brauchst dringend wieder ein Gefühl dafür, wann deine Grenze erreicht ist und du rechtzeitig vorher einen Gang zurückschalten müsstest. Dein Körper sagt es dir, du kannst und musst nur darauf achten. Nur so wirst du wieder täglich mehr Lebensfreude bekommen.

Ein gesundes Maß zwischen Ruhe und Forderung zu finden, ist eine Herausforderung. Ebenso ist es oft schwer, sich selbst so anzunehmen, wie man eben ist. Dabei ist gerade das so wichtig, denn es gibt immer negatives und positives, niemand ist perfekt und du musst es auch nicht sein.

Schreib dir vielleicht einen Plan, eine Liste, was du unbedingt erledigen musst und schaffe somit Prioritäten. Denn wenn du krank bist, kannst du vieles auch nicht erledigen.

Beobachte das Grün vor dem Haus (wenn du sehr krank bist und nicht hinaus kannst, dann auch durch das Fenster schauen), geh in die Natur spazieren, wandern, Rad fahren oder joggen oder was dir Freude macht. Ja, du darfst dich freuen bei deinen Aktivitäten. Atme tief ein und aus. Besonders in der Natur, im Wald, ist das Atmen durch die vielen Aerosole gesund.

Das Grün wirkt entkrampfend für Körper, Geist und Seele.
Lass Gefühle und Emotionen zu, lache und weine.

Wenn du müde bist, zeigt dir dein Körper damit etwas, nämlich, dass er echt Ruhe braucht.

Vielleicht will (und muss) dein Körper eine bevorstehende Erkältung und Viren abwehren.
Die Bekämpfung durch seine Selbstheilungskräfte, bevor die Erkrankung ausbricht, ist auch anstrengend für den Körper und bedarf der Schonung.
Dieser Aspekt wird generell noch zu sehr unterschätzt.

Lass deinem Körper Zeit, wenn er müde ist, denn er arbeitet unentwegt für dich und regeneriert sich ganz im Hintergrund. Ja, wir haben echt verlernt, auf diese ganzen Signale unseres Körpers zu achten.

Nimm Müdigkeit ernst und pusche dich nicht mit Kaffee auf. Auf Arbeit kannst du dich ja kaum hinlegen, aber arbeite etwas langsamer und atme tief durch, wenn es nicht anders für den Moment geht.

Wenn du dich gerade allgemein sehr schlapp fühlst, dann beginne einen Spaziergang ganz langsam und steigere es so, wie den Körper sich gut dabei fühlt.

Gesunde Ernährung spielt auch eine Rolle, aber gönne dir immer wieder auch etwas. In der Ayurveda-Küche beispielsweise verwendet man jede Geschmacksrichtung, auch Süßes ist erlaubt. Wir kaufen teure Küchen und essen Billigfleisch! Wo ist hier der Fehler? Wir haben nur einen Körper. Also ist es auch wichtig, was wir essen, welche Qualität und in welcher Zeit, ob mit Ruhe oder ob wir das Essen schnell hinunter „schlingen".

Dankbarkeit - wofür?

Allein nur dankbar zu sein, für das, was ich habe, hilft das weiter?

Ja, es kann in manchen Situationen tatsächlich helfen, ich habe es ausprobiert. Ich hatte auch meine Zweifel, das kannst du mir glauben! Sogar richtige Wut hat das in mir ausgelöst, denn, wofür soll ich dankbar sein, wenn ich krank bin, dachte ich.

Aber ich merkte dann: Egal, in welchem Zustand ich war, ich musste zugeben, dass es **immer** etwas gab, was gut ist im jeweiligen Moment, auch wenn es mir gesundheitlich schlecht ging. Als ich erkrankungsbedingt nur im Bett liegen konnte, war ich dankbar dafür, im Frieden zu leben und überhaupt ein gemütliches Bett zu haben, denn das ist nicht selbstverständlich auf dieser Welt!

Was, wenn ich krank bin und ich „kämpfe" mit der Krankenkasse um eine Reha oder Bezahlung von Medikamenten und fühle eine Ungerechtigkeit?

Was, wenn mir das Arbeitsamt oder Jobcenter einen für mich ungerechten Bescheid zugesandt hat?

Was, wenn mein Kollege mehr Gehalt bekommt für die gleiche Arbeit wie ich?

Was, wenn …

Und es gibt noch viele Fragen, die an diese Stelle passen.
Diese Fragen kamen bei mir natürlich auch.

Ich empfinde Hilflosigkeit und Wut, weil ich nichts ändern kann.
Aber kann ich wirklich nichts ändern an meinem Zustand?

Kann man wirklich nichts ändern?

Na, auf jeden Fall die Denkweise, die Sichtweise, manchmal hilft
dies, wenn auch nicht immer.

Ich denke, es gibt mindestens zwei Möglichkeiten. Aber ich sehe
sie auch nicht immer sofort und in jeder Lebenslage.

Ansatz für Dankbarkeit wäre: Ich lebe in Frieden. Ich habe ein
Dach über dem Kopf. Ich habe Nahrung, dass ich satt werde. Ich
habe warmes und kaltes Wasser aus der Trinkwasserleitung. Ich
habe ein gemütliches Bett, in welchem ich auch in meinem
kranken Zustand ruhen kann. Dies sind Dinge, die auf der Welt
nicht selbstverständlich für alle Menschen zu haben sind.

Und schon muss ich mir selbst eingestehen, dass es anderen noch
viel schlechter geht als mir und ich Demut zeigen kann und
Dankbarkeit, auch wenn ich derzeit eventuell krank bin oder mir

es allgemein nicht gut geht in meiner Lebenssituation. Ich räume damit zwar Ungerechtigkeiten nicht weg, aber ich räume ihnen keinen Platz im Denken ein und mir geht es emotional dann etwas besser. Es ist gut, dies wenigstens zu versuchen, um aus einem negativen Moment herauszukommen, denn ein Verharren im Negativen bringt mich nicht weiter. Ein kurzes Jammern ist wichtig, aber zu langes Verbleiben in dieser Lage ist auch für meine Gesundheit nicht gut. Selbst das Immunsystem will Freude, zumindest ansatzweise positives Denken in eine bessere Zukunft ist förderlich. Ich habe bei mir bemerkt, wie gut das tun kann, natürlich nicht immer, aber einen Versuch ist es wert, findest du es auch? Vielleicht hilft dir das etwas weiter, wenn es dir nicht so gut geht.

Aber, wenn es mir sehr schlecht geht gesundheitlich oder privat, dann kann ich natürlich an solche Dinge nicht denken, das ist klar. Ich hadere auch noch viel mit mir selbst.

Wenn man sich aber einmal in Ruhe umsieht oder nachdenkt, erkennt man, dass da doch mehr ist.
Warum kommt aber diese Erkenntnis so spät in unser Denken, warum ist unser Gehirn so vermeintlich langsam und macht es uns selbst schwer damit, aus negativer Spirale herauszukommen? Diese Frage blieb für mich lange Zeit ein Rätsel. Unser Gehirn muss pro Sekunde (!) tausende Impulse, Gefühle und Gedanken verarbeiten, wie zum Beispiel Emotionen, wie Angstgefühle, die

ein klares Denken verhindern. Somit ist es kein Wunder, dass es seine Zeit braucht, um die für uns wichtige Frage zu klären oder ein Ergebnis zu liefern, neue Wege zu sehen Möglichkeiten zu entdecken usw.

Außerdem ist unser Gehirn (Denken, Fühlen, Emotionen) durch die Ablenkung in Form von ständigen Neuigkeiten auf Smartphone, Tablet und TV usw. sehr stark ausgelastet.
Wir bräuchten mehr Ruhe, was oft eine Lösung bringt und dann die Überlegung: was habe ich alles (ohne sofortige Bewertung, ob Gutes oder weniger Gutes).

Was kann ich noch, was ist positiv an meinem Zustand (auch, wenn es mir gesundheitlich nicht gut geht, habe ich mich gefragt bei Migräneanfall):
Ich lebe in Frieden, ich habe warme Kleidung, ich muss nicht hungern, ich habe warmes und kaltes Wasser aus der Trinkwasserleitung, ich darf in einem gemütlichen Bett ruhen und gesund werden. Danke!!!
Diese Aussagen und Dinge sind nicht selbstverständlich für alle Menschen auf dieser Welt! Also geht es mir doch ganz gut.
Klar, wirst du sagen, das ist positives Denken und alles nur bla bla bla und Gerede.
Aber mir selbst hilft es nicht, in diesem Zustand zu verharren.
Nein, es macht mich nur trauriger, als die Situation schon ist.

Es kommen auch bessere Zeiten wieder für mich, ich kann es hoffen. Ich muss ja mein Leben erträglich(er) machen, es will gelebt werden.

Und da ist es doch einfacher, mir selbst nicht noch ein Bein zu stellen, sondern nach dem besseren Weg zu suchen.

Auch aus Steinen, die in den Weg gelegt werden, kann man schönes bauen. Ja, aber wenn es mir richtig schlecht geht, bekomme ich bei diesem Spruch Wut und ein sarkastisches Lachen maximal zustande.

Ein hoher Perfektionswille und immer kämpfen mit angezogener Handbremse, da geht jeder Motor kaputt (Vergleich mit einer Maschine, das wiederhole ich hier an dieser Stelle nicht). Dies alles resultiert auch aus zu wenig Selbstwertgefühl, das ist der Schlüssel, wie mir immer mehr klar wurde. So begann ich nach und nach zu ergründen, warum mein Selbstwertgefühl so gering ist.

Die Erkenntnis, dass ich mich bewerte und vor allem auch abwerte, erst einmal zu erkennen, und zu begreifen, allein das ist schon ein langer Weg. Aber erst dann, wenn man den Fakt kennt, kann man danach die Ursache ergründen und im Anschluss an der Beseitigung arbeiten.

Das ist ein langer Weg. Aber er ist richtig und wichtig, um gesund zu bleiben oder zu werden.

Das wird beim Arzt meist nicht verstanden. Aber der Kostendruck lässt im Arztalltag oft nichts anderes zu. Das ist ein generelles Problem, dafür können die Ärzte in der Regel auch nichts.

So habe ich nach anderen Möglichkeiten gesucht. Kann ich zum Beispiel Akupunktur als Patient nicht bezahlen, so habe ich mir die Technik der milderen Variante Akupressur durch Bücher aus der Bibliothek selbst angeeignet. Man muss immer selbst aktiv werden, solange man dies überhaupt kann aufgrund seiner Erkrankung oder Behinderung, wohl bemerkt!

Werde dir auch deshalb bewusst, wie wichtig deine Gesundheit ist. Sie ist die absolute Basis deines Lebens. Finanzieller Reichtum, materielles Denken, hilft hier nur teilweise weiter.

Wir müssen manchmal wieder wie ein Kind sein und wie ein Kind denken: völlig unvoreingenommen, ohne Vorurteile, ohne vorschnelle Abwertung, mit viel Liebe und vielleicht mit einer Prise Naivität (in unserem Inneren ist das Kind von damals ja sowieso vorhanden).

Bewertung und Abwertung

Bewerte nichts (auch dich nicht) voreilig. Denn: wer sagt, was richtig oder falsch ist?

Bewerte andere nicht, auch nicht dich selbst.

Eigentlich gehört vieles von dem, was in diesem Kapitel zu lesen ist, in das Kapitel Dankbarkeit.

Bewertung, und vor allem Abwertung, sind das **Gegenteil von Dankbarkeit und auch das Gegenteil von Liebe.**

Oft merkst du selbst nicht, wie schlecht und abwertend du über dich denkst, egal ob es äußere oder charakterliche Merkmale sind. Auch hier stammt vieles aus der Kindheit und Jugendzeit als Prägungsphase. Du wurdest, unbewusst, nicht vollkommen anerkannt mit deinen Stärken und mit deinen Schwächen!

Also wer sagt, wie die Ohren zu sein haben? Wer beurteilt das überhaupt und muss diese Meinung richtig sein? Nein!

Sondern denke bitte ab sofort so:
Gerade mit diesen Ohren bin ich ein toller Mensch, na und, das sind meine Ohren! **So wie ich bin, bin ich gut (gut genug!).**

Oder: Ich bin neutral! Also ohne Bewertung (da krittelt der innere Kritiker nicht sofort wieder herum, das ist sehr hilfreich, weiß ich aus eigener Anwendung/Erfahrung).

Sei dankbar für deinen Körper, der so viel für dich leistet!

Wer sagt, dass du zu dünn oder zu dick bist? Wer?
Wer sagt, welche Arbeit und welche Tätigkeit für dich richtig ist?

Hinterfrage deine Gedanken. Geh in die Natur und betrachte einen Baum mal genauer. Auch wenn er noch so schief gewachsen ist, erfüllt er für uns viele gute und gesunde Aufgaben und zum Nutzen für uns. Jeder Mensch ist anders und wie ein Baum, wir Menschen sind auch Natur!

Wir sind keine Maschinen und selbst Maschinen sind fehler- und störanfällig und müssen auch gepflegt und gewartet werden. Jeder Mensch ist anders, es gibt keine völlig übereinstimmenden Zwillinge.

Die Natur (besonders ein Park und der Wald) gibt Kraft und Energie, beruhigt uns, gibt wertvolle Aerosole ab usw. Dort kannst du sein wie du bist, dort nörgelt keiner an dir herum.
Müssen es immer öfter neue Klamotten sein (wer stellt sie billig für uns her, woher kommen sie…?), muss jedes Jahr ein neues Handy gekauft werden (gleiche Fragen zur Herstellung wie

soeben). Das kann doch nicht gut sein, oder? Ich will kein Moralprediger sein hier, aber diese Fragen stellte ich mir auch: Brauche ich dies überhaupt? Von Umweltschäden und Umwelt- u Menschenausbeutung hier ganz zu schweigen.

Klar, manchmal hat man „Frustkauf" betrieben, aber auch das müssten wir (ich selbst nehme mich da nicht aus, was brauche ich wirklich, was ist notwendig) einmal überdenken. Ein Bad oder Spaziergang sind genauso hilfreich und tröstend, denn der Neukauf ist nur eine kurzfristige Belohnung (Belohnung ist ja Lob und tut dem Selbstwert gut, man fühlt sich belohnt). Aber es gibt immer 2 Seiten, überlege auch dies einmal.

Wenn du mal wieder mit dem Leben haderst:
„Warum hat mir das Leben keine Zeichen gesandt? Habe ich die Zeichen übersehen oder ignoriert? Welche? Warum?" Dann nicht gleich wieder Schuldgefühle und Selbstabwertung! Nein, du warst nicht dumm und bist es auch nicht.
„Was machen erfolgreiche Leute anders?" Sie haben auch ihre schlechten Momente! Werbung suggeriert nur Sonnenschein, auch das ist nicht immer so.
„Ich habe schon oft bewiesen, großartig zu sein, aber meine Leistungen wurden oft nicht honoriert von anderen, aber dennoch habe ich enorme Leistungen vollbracht, mit angezogener Handbremse" (so war es z. B. bei mir). Dann halte inne und sei mit dir selbst einmal zufrieden, du bist gut (gut genug).

Als Kind entwickelt man Überlebensstrategien, eine Art Gegenwirkung, Rückzug ist manchmal die einzige Variante, bei mir war es das Lesen, so kam ich in andere Geschichten, in andere Welten und das tat gut, ich habe viele Bücher ausgeliehen. So kann man es auch jetzt im Erwachsenenalter handhaben.

Aber auch mit der Prägung aus der Vergangenheit bin ich dankbar, einfach dankbar, auf dieser Welt zu sein.

Ist das Leben ein Geschenk? Ich glaube ja.
Es ist ein Geschenk. Wir wurden geboren. Dieses Geschenk zeigt sich im Laufe unseres Lebens von vielen verschiedenen Seiten, mal positiv mal negativ mal neutral.

Es liegt an uns, unserer Sichtweise, Gedankenwelt, aber nicht nur. Denn schlechte Dinge um uns herum oder auf der Welt kann man nicht allein durch gutes positives Denken gut werden lassen. Aber es hilft sehr, an das Gute zu glauben.

Denn es wird gut, die Erde dreht sich immer weiter und es kommen immer wieder auch gute und weniger gute Dinge auf uns zu, wie auf einem Zahlenstrahl ist alles relativ.

Selbst wenn es mir fast jede Woche mit einer Krise daherkommt, gesundheitliche Krise oder auch etwas anderes, es ist trotzdem interessant und abwechslungsreich (auch wenn ich mir manche Abwechslung gern ersparen würde).

Komm zu (mehr) Ruhe, erlaube es, dir mehr Ruhe zu gönnen, und erlaube dir, so zu sein, wie du bist und sein möchtest. Sei wieder mehr ein bisschen wie ein Kind, unvoreingenommen, voller Liebe und Neugier.

Wir müssen manchmal wieder wie ein Kind sein und wie ein Kind denken: völlig unvoreingenommen, ohne Vorurteile, ohne vorschnelle Abwertung, mit viel Liebe und vielleicht mit einer Prise Naivität (in unserem Inneren ist das Kind von damals ja sowieso vorhanden).

Dann werden wir vielleicht feststellen: Das Leben ist (doch) schön.

Auf den nächsten Seiten habe ich mein kleines Notprogramm aufgeschrieben, welches ich selbst immer versuche, anzuwenden.

Manchmal hilft es, je nachdem, in welchem Zustand man sich gerade befindet, aber man kann es zumindest einmal versuchen.

Mein Notprogramm für Widrigkeiten aller Art im Alltag ist:

Meist ist das Nervensystem überfordert oder überreizt. Deshalb können folgende Aktionen hilfreich sein, bei Ärger, Reizüberflutung durch schlechte Nachrichten, Angst, Traurigkeit, Schlaflosigkeit, Erschöpfung, Stress usw.

Vergiss nicht, **du bist wertvoll**, sei es dir selbst und deiner Gesundheit wert und schaffe ein gutes Selbstwertgefühl, trainiere es, wie im Sport trainiert wird: immer Wiederholungen.

Kleine tägliche Übungen, „du bist größer als du denkst" (lustig/übermütig wie ein Kind), am besten jeden Morgen gemacht, helfen ganz gut, zumindest kurzfristig und bringen dich zum Lächeln (was ja schon ein guter Ansatz ist, denn Lachen ist gesund). Sie geht so: gerade hinsetzen, Kinn hoch (sei nicht hochnäsig, stammt aus der Kindheit und verhindert dies, stimmts?), dann dehne dich**, recke und strecke dich**, Hände hinter dem Kopf im Nacken falten.

Wichtig ist außerdem: **lächele** dich tagsüber immer wieder im **Spiegel** bewusst an, **mach Grimassen**, bis du echt lachen kannst. Mach es jeden Tag wie das Zähneputzen!! Es zeigt Wirkung, denn danach geht es dir meist besser.

Klar, nicht jeder Moment und nicht jeder Tag ist der gleiche, aber versuche es.

Ich habe meine eigenen **Gedanken** hinterfragt und versucht, diese zu ersetzen, wenn ich gemerkt habe, dass diese Gedanken nicht richtig sein können und mich in eine gedankliche Abwärtsspirale, anstatt mich vorwärts zu bringen und mich aufzubauen. Unser Gehirn ist dadurch auch abgelenkt, es sucht selbst auch nach Lösungen.

Zunächst tief ein- und ausatmen. Mehrmals. Klingt so einfach, ist aber so sehr wichtig. Gerade weil es so simpel ist, machen wir es (absichtlich) oft nicht. Tut aber wirklich gut.

Dabei beruhigt sich Nervensystem und es fließt wieder Energie und gibt Kraft. Durchblutung wird besser, Organversorgung dadurch auch besser.

Dann, **Ruhe bewahren, und mich**, wenn nötig, **liebevoll zur Ruhe zwingen**, meinen Geist (und inneren Kritiker) ganz bewusst mal auffordern, jetzt endlich still zu sein (vor allem bei Schlafstörung und wenn Grübeln stark ist).

Überlegen, was jetzt momentan die beste Wirkung erzielt: Körper und/oder Geist und/oder Seele.

Der Körper lügt nie, heißt es, also die **Körperreaktionen erspüren und nutzen,** um zu wissen, was uns fehlt, wie es uns im Moment geht (Beispiel: Hunger, das kennen wir alle, zeigt sich durch Magenknurren, aber nicht nur). Warum spüren wir nicht öfter in uns, um zu erfahren, was uns fehlen könnte?

„Hand aufs Herz" sagt man so, aber es ist wirklich wirksam: **also die Hand auf das Herz legen.** So ist man gleich viel ehrlicher, auch zu sich selbst.

Durch die Beruhigung des Nervensystems erhalten wir außerdem wieder den klaren Kopf (Verstand – Geist). Das ist hilfreich auch in Krisensituationen, wenn eine vermeintlich schlechte Nachricht eine weitere ablöst. Achtung: Bewertung, ob es eine schlechte oder auch positive Dinge enthaltene Nachricht ist, bestimmt auch unsere Denkweise, die überprüft werden sollte!

Der Körper beruhigt die Seele und umgekehrt, die Seele beruhigt den Körper. Beide Wege muss man beachten.

Sehr gut ist etwas **Bewegung und, wenn möglich in die Natur hinaus,** vor allem an frischer Luft oder, wenn man krank ist und nicht hinaus kann, bei geöffnetem Fenster Bäume oder das Grün **beobachten, sehen, wie die Wolken ziehen** etc.

Das ist sehr hilfreich, beruhigend (die Erde dreht sich weiter, egal, was ist …) und muntert gleichzeitig auch auf.

Manche starten lieber eine Joggingrunde oder andere sportliche Betätigung.

Die Natur ist aber generell heilsam, für Körper und Geist und Seele. Wir sind auch Natur. In der Natur bewertet uns niemand, dem Baum ist es egal, wie wir aussehen und ob wir eine schiefe Nase und große Ohren haben (wer sagt überhaupt, was zu schief und
zu groß ist?). Das tut unserer Seele gut und besonders im Wald oder im Park schaffen die Inhaltsstoffe der Luft für unseren Körper einen Zugewinn.

Aufrecht sitzen oder gehen

Denn dadurch erhält der Geist die Mitteilung, dass es uns gut geht und dadurch werden die inneren Organe nicht gedrückt, sondern besser durchblutet und wir fühlen uns wohler. Es entsteht dadurch zum Beispiel nicht so schnell Bauchweh.

Lachen, zunächst Grimassen

Beim Lachen ist die Atmung besser. Wenn uns nicht zum Lachen ist, dann einfach mit Grimassen beginnen (oder ein sarkastisches Lachen), das Lachen kommt dann fast automatisch.

Welche der Möglichkeiten du wählen möchtest, kannst du dir täglich oder in deinem jeweiligen Moment überlegen. Ich habe sie in vielen Situationen als hilfreich erlebt, auch wenn es oft nur kleine Schritte sind und man leider oft Geduld benötigt.

Und nicht vergessen: Die Natur beobachten oder hinaus in die Natur: Die Natur ist wie sie ist, nicht perfekt und das ist gut so. Wir Menschen sind auch Natur und keine Maschinen. Maschinen müssen auch gewartet und gepflegt und manchmal umprogrammiert werden. Das „Umprogrammieren", zum guten Nutzen aller Menschen und für uns selbst, können wir wiederum auch gern bei uns anwenden in Form von Über- und Umdenken so mancher Alltagssituation.

Dazu braucht man etwas Ruhe, gönne dir diese Ruhe täglich, auch wenn es nur einige Minuten sind, sei es dir wert. Dir und deiner Gesundheit. Hinterfrage dann in diesen Minuten, lausche in dich hinein, und mit der Zeit bekommst du dann die Antworten, ganz von deinem Inneren – was wirklich wichtig ist für dich im Leben, für deine Gesundheit und dein Wohlergehen, liebevoll ohne Egoismus, wird dir dein inneres Kind antworten … (das ist keine Zauberei!).

Dein inneres Kind ist immer noch in dir – logisch – denn wo soll es sonst sein nach all den Jahren? Das innere Kind will Freude und Liebe, so wie damals, als du klein warst. Und willst du das heute, als Erwachsener, nicht auch – **Liebe und Freude?**

Gib sie dir als Erstes, dann geben sie dir auch andere Menschen bzw. du musst nicht mehr um Freude und Liebe betteln, um sie von anderen zu bekommen. So bist du auch niemals allein und einsam. Das ist eine Trainingsaufgabe, denn es klappt vielleicht nicht sofort, aber mit der Zeit wirst auch du bemerken, dass das Leben dir damit leichter fällt und du (wieder) an deine Stärke glaubst.

Und spüre einmal: Du bist neutral, der Moment ist neutral – nur durch unsere (voreilige) Bewertung machen wir es kompliziert.

Zum guten Schluss:

Etwas Neues auszuprobieren, erfordert Mut, aber mach es, du kannst es einfach probieren. „Nein, das kann ich sowieso nicht, Nein, weil …", viele Gründe zeigt dein innerer Kritiker (der wohl noch aus der Kindheit und jugendlichen Prägungsphase stammt, oder?). Ich habe auch gehadert mit diesem Buch, „das liest sowieso keiner, das ist viel zu teuer in der Herstellung, das …" und so weiter, aber ich habe es dann doch probiert. Ich habe es gemacht.

Hätte ich weiter meinen eigenen Gedanken geglaubt, wie z. B. „ach, ich kann doch sowieso kein Buch schreiben", „es ist viel zu teuer", „wer liest das schon, keiner", wäre dieses Buch nie entstanden. Ich kann dir nur sagen, mach einfach.

Mach das, was du am liebsten einmal machen möchtest (natürlich niemandem schaden damit!), und beginne es. Nicht erst auf irgendwas warten, wie manche auf das Geld oder das Rentenalter … „dann mach ich das". Mach es jetzt, probiere es! Nun aber los! Und höre nicht auf das, was andere dir raten.

Ich bin bestimmt nicht klüger als du und ich will kein Besserwisser und kein Moralprediger sein. Ich gebe hier in diesem Buch nur meine Erfahrungen weiter aus meinem Leben

(„Ü50, wo sind nur die Jahre hin…", aber dies ist kein Grund, zu verzweifeln). Es gibt immer zwei Seiten, meistens zumindest. Das vorliegende Buch muss auch mit einem Augenzwinkern versehen sein, denn das Leben ist nur mit einer Portion Humor zu genießen, finde ich. Ich hatte bereits selbst einige Krisen zu bewältigen, Angehörige zu betreuen und zu pflegen, Burnout und weitere Erkrankungen. Vielleicht kann ich dir damit etwas helfen, deinen Alltag schön oder lebenswerter werden zu lassen.

Mein Motto ist: „Nach Regen kommt Sonne, wobei auch der Regen schön sein kann, und (fast) alles im Leben hat zwei Seiten, alles ist relativ". Aber das klingt in der Theorie alles leichter, als es im wahren Leben oft ist. Es gibt meist mehrere Wege zur Lösung eines Problems, aber manchmal sehen wir nicht einmal den einen Weg zum Weitergehen.

Fühle in dich hinein, was sich wirklich gut anfühlt. Versuche es, denn manchmal spürt man es auch nicht gleich. Versuche zur Ruhe zu kommen, der Alltag ist voll von Ängsten und Sorgen und Ablenkungen.

Du bist gut (genug), und zwar so, wie du jetzt bist.

Alles Gute für dich und denke daran, du bist nicht allein, es geht vielen wie dir.

Ich hoffe und wünsche dir von ganzem Herzen, dass du immer deinen guten Weg findest, gern auch mit mir und meiner Hilfe - also **Pausenwege**(n):

Wir brauchen mehr Pausenwege in unserem Alltag!

Wenn du magst, dann besuche mich gern auf meiner **Internetseite: www.pausenwege.de.**

Gern kannst du mich auch auf YouTube hören, lesen und sehen (Podcasts und Videos mit Beschriftung/Untertiteln/Mantras, somit also auch für seh- und hörbeeinträchtigte Menschen geeignet): Mein YouTube-Kanal heißt **Pausenwege**

Und gern zu hören ist mein **Podcast** bei Spotify: **Spannung Schmerz Migräne Fibromyalgie** - einfach die Worte **Spannung Schmerz** eingeben und dann findest du meinen Podcast bei Spotify eigentlich schnell.

Platz für Notizen für einen schönen Alltag mit Pausenwege(n)